光明社科文库
GUANGMING DAILY PRESS:
A SOCIAL SCIENCE SERIES

·经济与管理书系·

会计理论构建与运用

——基于资本二维属性理论

刘玉勋 | 著

光明日报出版社

图书在版编目（CIP）数据

会计理论构建与运用：基于资本二维属性理论 / 刘玉勋著．-- 北京：光明日报出版社，2022. 1
ISBN 978 - 7 - 5194 - 6450 - 9

Ⅰ. ①会… Ⅱ. ①刘… Ⅲ. ①会计学 Ⅳ. ①F230

中国版本图书馆 CIP 数据核字（2022）第 014536 号

会计理论构建与运用：基于资本二维属性理论

KUAIJI LILUN GOUJIAN YU YUNYONG：JIYU ZIBEN ERWEI SHUXING LILUN

著　　者：刘玉勋

责任编辑：李　倩　　　　责任校对：崔荣彩
封面设计：中联华文　　　　责任印制：曹　净

出版发行：光明日报出版社
地　　址：北京市西城区永安路 106 号，100050
电　　话：010 - 63169890（咨询），010 - 63131930（邮购）
传　　真：010 - 63131930
网　　址：http：//book. gmw. cn
E - mail：gmrbcbs@ gmw. cn
法律顾问：北京市兰台律师事务所龚柳方律师

印　　刷：三河市华东印刷有限公司
装　　订：三河市华东印刷有限公司
本书如有破损、缺页、装订错误，请与本社联系调换，电话：010-63131930

开　　本：170mm×240mm
字　　数：192 千字　　　　印　　张：15. 5
版　　次：2022 年 1 月第 1 版　　　　印　　次：2022 年 1 月第 1 次印刷
书　　号：ISBN 978 - 7 - 5194 - 6450 - 9

定　　价：95. 00 元

前　言

原本没有二十年磨一剑的打算，也没有这样的毅力，来撰写一本有关会计理论的书籍。掐指算来，从产生思想火花到成稿历经了二十多年，其间零零散散发表了二三十篇与本书思想相关的成熟或不成熟的文章，其间也有许多想不清楚想不明白的时候，搁置数月数年未有进展，心灰意冷时也想过改道易辙，不再招惹这枯燥的会计理论。自从偶然进入会计之门，便被会计的精致和灵巧所吸引，一个没有受过会计教育的门外汉，对所见所闻倍感新奇，在受过良好会计熏陶的人看来再自然不过的地方，我却充满了好奇。比如，被称为会计方程的资产等于负债加所有者权益，这个方程对会计太重要了，如果没有这个方程会计就成为统计的一部分了。这个方程为什么会成立？这个方程一定成立吗？我在资本市场找到了不支持会计方程的依据，在资本市场中所有者权益的市场价值高于会计核算出来的所有者权益的账面价值的数倍甚至是数十倍，会计核算的所有者权益的账面价值与所有者权益的市场价值的差异是系统性的而不是误差。正是这种好奇心使我坚持下来。本书记录下我的一些成熟或不成熟的思考，期望本书的出版能够引玉，也愿意接受

"拍砖"。

现行会计体系的根本缺陷是其一维性：实质上只有一个会计要素——资产，而其他要素都可归结为资产衍生出来的要素。本书从资本二维属性理论出发，将财货和索取权作为独立的要素，将一维会计扩展到二维会计。本书分为上下两篇，分别为理论篇和应用篇。上篇为"基于资本二维属性的会计理论构建"，下篇为"基于资本二维属性的会计理论应用"。上篇以资本的二维属性为理论基础，严格区分了资本运动和资本变动，明确了会计对象的信息输入、信息输出两个角度，从而确立了信息输入角度的会计对象为资本运动的原始信息、信息输出角度的会计对象为"有关资本及资本变动的会计信息"。在此基础上，分析探讨了会计要素、会计报表的性质，进而构建了基于资本二维属性的会计理论。下篇探讨基于资本二维属性的会计理论应用。对经济业务与资本运动的关系进行了探讨，进而对《借款费用准则》《企业会计准则第 18 号——所得税》界定的"递延所得税资产""递延所得税负债"的性质进行了探讨。

本书开篇第一章探讨了资本及资本的属性，构建了资本二维属性理论。西方经济学的资本理论侧重于资本的财货属性，将资本定义为"生产出来的要素"，西方经济学的资本理论是只见物不见人；马克思的资本理论则透过物的表象揭示了人与人之间的生产关系。西方经济学的资本理论揭示的是资本的物的属性，马克思经济学的资本理论揭示的是资本的生产关系属性。其实，这两种资本理论的差异不是矛盾，而具有互补性，这两种理论分别揭示了资本的最重要的属性，西方经济学阐述的是资本的财货属性，马克思经济学资本理论阐述的是资本的权利属性。资本的财货属性决定了增值的产生，资本的权利属性则决定了增值的分配。本书将资本定义为“增值过程”，构成增值过程的财货和对增值过程的索取权则是资本的最重要、最基本的属性，我们将其称为资本的二维属性。

本书的第二章以资本的二维属性理论为基础探讨了资本运动及资本变动。西方经济学将资本定义为“生产出来的要素”，但经济与管理各分支学科中的资本概念的内涵却大相径庭，比如“自有资本”所指为所有者的投入，“借入资本”为债权人的投入；“流动资本”所指为企业的流动资产，“固定资本”为企业厂房、设备等长期资产；而“营运资本”则是企业流动资产与流动负债的差额。资本怎么既是资产又是权益，甚至是资产与负债的差额？问题就在于，资本本身是二维的，用一维空间来描述二维空间的资本运动，显然就“力不从心”了。本章探讨用资本二维属性来描述资本运动，将资本运动分为资本投入、资本退出、财货运动、权益运动四类。将资本运动分为三个阶段：资本投入阶段、资本运营阶段和资本退出阶段。资本运营阶段包括财货运动和权益运动两类资本运动。在此基础上，严格区分了“资本运动”与“资本变动”两个概念。资本运动是资本本身的实际运行，也就是增值过程的运行。资本变动则是资本运动导致的资本变动，会计则主要关注的是资本二维属性的变动，是人们对资本运动的主观反映，是对资本运动的主观描述。严格区分“资本运动”“资本变动”两个重要概念，为后续构建会计对象理论奠定了基础。本章还严格区分了资本价值增加（减少）与资本增值（减值）两个重要概念。资本价值增加（减少）是在资本投入阶段或退出阶段，由资本投入或资本退出导致的资本价值变动；而资本增值（减值）则是在资本运营阶段由财货循环导致的。

以上述两组概念为基础，可以得到两点非常重要的认识：第一，资本增值（减值）是由资本运营阶段的财货运动决定的；第二，会计利润并不是资本增值（减值），只是所有者权益在资本运营阶段的价值变动，是由财货运动和权益运动两种资本运动导致的。

第三章以第一章建立的资本二维属性理论和第二章的资本运动、资本变动理论为基础，探讨了会计对象问题。

会计作为一个人造的信息系统，其构建沿着两条不同的路径，一是归纳总结，一是逻辑推理。归纳总结路径是对会计实践进行归纳总结形成一套会计信息系统的规则体系；逻辑推理路径则是构建会计概念框架体系，以此为基础形成会计规则体系。现实情况是归纳总结路径走得更远，而逻辑推理的路径则远远落后。因此，会计常常被认为是一门实操技术，而不是一门科学理论。不同国家、地区，采用了不同的会计准则体系，在我国，向国际会计准则趋同则是一项既定的目标。既然各国的会计对象基本相同、会计目标也基本相同，会计也被设定为国际通用商业语言，为什么构建的会计准则体系不尽相同？其根本原因是会计理论体系不足和不完善。就如同没有几何学作为依据，不同人采用不同的方法丈量同一块土地的面积，将得出不同的数值。可见实践方法应当建立在科学的理论基础之上，会计需要基础理论的构建。而会计对象问题恰恰是会计理论的重要基础。

会计对象是一个悬而未决的问题，以往的探索者似乎并没有明确探讨会计对象所要解决的问题是什么。本章从会计信息系统的角度明确了会计对象问题，探讨会计对象就是要回答会计信息系统的两个基本问题：第一，会计信息系统的投入是什么？投入的经济性质是什么？第二，会计信息系统的产出是什么？产出的经济性质是什么？

本章对资金运动论、资本循环说进行了分析、评价。资金运动论是有关会计对象的经典理论，该理论的核心观点是“会计对象为资金运动”。分析发现，资金运动论的根本缺陷是资金的一维属性，资金的基本属性是财货。资产负债表包含资产和索取权两个维度，用一维的资金来描述二维的资产，负债表就力不从心了，只能借助资金占用和资金来源来解释资产、负债和所有者权益。资金运动也就是企业的资产运动。企业的负债和所有者权益包含了资金的来源信息，但是负债和所有者权益并不是资金来源，而是债权人和所有者因向企业提供了资金而获取的权益。资本循环说最接近我们所提出来的会计对象的资本运动论，但是资本循环说与资金运动论一样，具有一个严重的缺陷，就是对资本的认识局限于资本的一维属性，将资本局限于财货，同样无法准确描述二维的资本运动。

本章还对《企业会计准则——基本准则》有关会计对象的规定进行了分析。尽管《企业会计准则——基本准则》没有会计对象这个概念，但却从信息投入和信息产出两个方面对会计信息的形成进行了规范。将“交易或者事项”作为会计投入对象，将会计要素和会计报表作为会计产出对象。但《企业会计准则——基本准则》并没有清楚界定“交易或者事项”，没有明确“交易或者事项”获取信息的性质，即没有明确会计投入对象的经济性质；《企业会计准则——基本准则》也没有准确界定会计要素的经济性质和会计报表的经济性质，即没有明确会计产出对象的经济性质。

本章在对会计对象理论和会计准则进行梳理的基础上提出了会

计对象的资本运动论。“会计对象是资本及资本运动。”会计信息系统的基本特性：对资本运动（增值过程）进行观测，获取资本变动的原始信息，资本运动的原始信息就是会计信息系统的投入，因此，投入角度的会计对象就是有关资本运动的信息。对资本（增值过程）及资本运动的信息进行会计处理（确认、计量、报告）获取资本变动信息，进而加工形成有关资本及资本变动的要素信息和报表信息。因此，产出角度的会计对象为资本及资本变动的要素信息和报表信息。

第四章对会计的产出对象——会计要素的经济性质进行了探讨。现有的会计准则和会计理论对会计要素性质的认识存在两方面严重缺陷。第一，囿于资金、资本一维属性（财货属性），对会计要素的认识无法突破一维空间，会计要素无法冲破财货的范围。例如，将负债理解为“负资产”，所有者权益理解为“净资产”，负债要素和所有者权益要素成为特定类别的资产，丧失了义务属性和权益属性。尽管负债是债权人的资产，尽管负债将导致经济及利益流出企业，而资产将导致经济流入企业，两者对企业经济利益的影响是反向的，但将负债解释为负资产，则仅仅是反映了负债引申出来的性质，而舍弃了负债的本质属性——债权人的索取权，实则是“捡了芝麻丢了西瓜”。第二，认定的要素的属性与会计核算的内容相矛盾。例如，收入在日常用语中常常表示收到的钱，而收入要素则规定为“经济利益的总流入”，但是，会计核算已经将收到的钱作为“经济利益总流入”进行了记录（会计分录为“借：现金”），如果会计核算的收入（会计分录为“贷：收入”）仍然是收到的钱，那么收到的钱在现金账户和收入账户分别记录了两次，复式记账不就成了重复记账了？可见，收入账户记录的不应当是收到的钱。

本章以资本二维属性理论、资本运动理论和会计对象理论为基础，重新阐述了会计要素的经济性质。会计要素的基本功能是反映资本及资本运动，得出的基本结论：第一，资产反映资本的第一维属性——财货；第二，负债和所有者权益反映资本的第二维属性——增值索取权，负债是债权人对企业的索取权，所有者权益是所有者对企业的索取权；收入是资本运营阶段财货运动、权益运动导致的所有者权益增加；费用是资本运营阶段财货运动、权益运动导致的所有者权益减少；利润是资本运营阶段财货运动、权益运动导致的所有者权益净变动。

第五章对会计的产出对象——会计报表的经济性质进行了探讨。按照传统的会计理论认识会计报表的经济性质，通常认为资产负债表反映企业的财务状况，利润表反映企业的经营成果。这种认识本身没有什么错误，但作为会计信息系统的产出对象，资产负债表可以反映企业的财务状况，利润表可以反映企业的经营成果，但财务状况是资产负债的本质属性吗？经营成果是利润表的本质属性吗？本章以资本二维属性理论、资本运动理论、会计对象理论和会计要素理论为基础，对会计报表的经济性质进行了探讨，得出的基本结论是：第一，资产负债表的本质属性是反映资本及资本变动；第二，利润表的本质属性是反映资本运营阶段财货运动和权益运动导致的所有者权益变动，是所有者权益变动表的一个组成部分。进而，对我国企业会计准则有关会计报表的规范进行分析、评价并提出了改进建议。

第六章基于资本二维属性的会计理论对经济业务进行了分析。

经济业务导致资本运动，资本运动导致资本变动，经济业务和资本运动为会计投入对象，资本及资本变动为会计产出对象，会计要素和会计报表则用于反映资本及资本变动。本章运用这一逻辑关系对经济业务进行分析，探讨经济业务的会计处理（会计分录）的经济含义以及现有会计处理方法的缺陷并提出改进建议。将基于资本二维属性的会计理论运用于经济业务分析，显示该理论具有比较强的解释能力。

第七章对借款费用准则进行了探讨。借款费用准则的根本缺陷是没有从会计对象角度来界定借款费用这个概念。本章探讨了借款交易的经济性质，提出资金使用权概念，认为与借款交易相关的两个要素是本金和资金使用权。借款交易实质是资金使用权交易，借款企业得到的是资金使用权。资金使用权的获得与资金使用权的耗用是投入角度的会计对象。进而定义了借款成本：借款成本是企业因借款获得资金使用权的代价；借款成本资本化是指，企业因借款获得的资金使用权的价值转移到了相关资产中，从而将借款成本计入相关资产的过程。借款成本费用化是指企业因借款获得的资金使用权的价值没有转移到其他相关资产中，而是在获得的同时就消耗了，从而将借款成本计入当期损益的过程。

第八章对《企业会计准则第18号——所得税》界定的“递延所得税资产”的性质进行了探讨，分析认为“递延所得税资产”不符合资产的定义，因此不应当确认为资产；“递延所得税资产”是未来期间的所得税费用，是应当直接计入所有者权益的未实现所得税费用，建议在“资本公积”科目下设置“递延所得税费用”二级科目来核算。

本章还对递延所得税负债与应交所得税进行了比较研究。递延所得税负债和应交所得税都是负债，都是与所得税有关的负债，但它们也有很大的差异。第一，递延所得税负债是依据会计准则确认的所得税负债，而应交所得税是依据税法确认的所得税负债；第二，递延所得税负债是早于应交所得税而确认的所得税负债；第三，递延所得税负债是长期所得税负债，而应交所得税是短期所得税负债；第四，递延所得税负债在应纳税暂时性差异的转销期转换为应交所得税。在此基础上提出将递延所得税负债更名为“长期所得税负债”。这个名称直观、清晰，可以比较准确地反映递延所得税负债的特性，不会产生任何误解，也可以更好地反映应交所得税与递延所得税负债之间的关系——递延所得税负债在摊销期转换为应交所得税，只是长期所得税负债转换为流动所得税负债；按照税法只需确认应交所得税，按照会计准则还要确认应纳税暂时差异产生的长期所得税负债。

本书具有如下几个特点。

第一，本书具有厚基础的特点。会计是一个应用非常广泛的学科，但缺乏一个完善的理论体系。本书从对经济学的资本理论的完善出发，将其作为构建会计理论的基础，深耕资本理论作为会计理论的基础，使得会计理论体系根植于资本这片沃土，会计理论体系将根深叶茂。

第二，本书具有一定的创新。①本书将资本定义为“增值过程”，提出资本的二维属性理论，将资本由一维空间扩展到二维空间。资本二维属性理论比较准确地反映了企业的基本性质，具有较强的解释能力，同时也统一了西方经济学和马克思经济学的资本理论。②本书提出基于资本二维属性理论的资本运动理论，区分了资本运动和资本变动两个重要概念，将资本运动划分为四类；阐述了资本增值是资本运动产生的结果，是财货运动产生的，科学阐释了经济学的基本问题——增值的来源问题。③本书提出了会计投入对象和会计产出对象两个重要概念，运用资本二维属性理论和资本运动理论，构建了会计对象的资本运动论，阐述了会计对象为资本运动。④本书运用资本二维属性理论和会计对象的资本运动论，分析了会计要素的经济性质，重新定义了会计要素，使得会计要素的定义能够准确反映会计实际核算的内容；分析会计报表的经济性质，阐释了资产负债表反映的是资本的二维属性，利润表主要反映的是资本运营期间资本运动导致的所有者权益增加。

第三，本书形成了一套逻辑严密的理论体系。由资本为一个增值过程，形成资本二维属性理论，进而形成资本运动理论，以及会计对象的资本运动论，最终给出会计要素的新定义。

第四，本书构建的基于资本二维属性的会计理论，体系完备，具有较强的解释能力。本书的下篇探讨了诸多会计准则问题和会计处理问题，得出了新的观点和新的认识，验证了该理论的有效性和科学性。

第五，本书的写作以问题为导向，每章都围绕具体的会计问题展开讨论，以解决会计问题为目标。

刘玉勋

2020 年 5 月

目 录
CONTENTS

第一章

资　本

资本是一个被广泛使用的术语，比如财务和会计领域所使用的资本概念就有：①自有资本、借入资本；②实收资本、资本公积；③短期资本、长期资本；④流动资本、固定资本；⑤收益性支出、资本性支出；⑥营运资本；⑦资本成本。在不同的场合，其含义大相径庭。“自有资本”所指的是所有者权益，而“流动资本”所指的却是流动资产。资本怎么既是资产又是权益？

自斯密《国富论》以来，不同立场的资本理论经历了多次更迭与交替，在围绕资本理论的长期纷争与论战中，逐渐形成了两种截然不同的立场观点和思想体系：一类是以古典和新古典经济学理论为代表的以研究物与物之间关系为特征的西方经济学资本理论体系；另一类是以研究人与人之间关系、揭示生产关系本质为特征的马克思主义经济学的资本理论体系。①“经济学如能在资本的理论方面取得一致意见，那么其他所有问题就将迎刃而解了。争论主要是由于对‘资本’一词有不同的解释和应用，以及对什么才算是生产要素有不同看法引起的。”②

① 孙咏梅．资本效率理论与产业增长［M］．北京：经济科学出版社，2007，3.

② 约翰·伊特韦尔．新帕尔格雷夫经济学大词典（第一卷）［M］．北京：经济科学出版社，1992：356.

资本理论所隐含的主要问题是收入的形成和分配。“一般资本这个名词——即从社会观点来看的资本——的最重要的用途在于研究生产的三个要素：土地（即自然的要素）、劳动和资本怎样有助于产生国民收入；以及国民收入怎样分配于这三个要素。”① 收入问题所涉及的是收入是如何形成的，各生产要素对收入的贡献；分配问题所涉及的是收入是如何分配的，各生产要素如何获取报酬，各要素的贡献与报酬的关系。不同资本理论体系的本质区别在于对收入的形成和分配的认识不同。

“要揭开资本的神秘面纱，我们必须了解‘资本’一词最初的潜在含义。最早在中世纪的拉丁文中，‘资本’这个词似乎指的是牛或其他家畜。家畜能够把价值较低的物质转化成一批价值较高的产品。家畜还可以繁殖。这样，‘资本’这个词开始同时具有两个含义：第一，财产的物质存在；第二，财产创造剩余价值的潜能。”②

本章阐述资本的二维属性理论并对资本的第一维属性“财货”和资本的第二维属性“增值索取权”进行分析。运用资本的二维属性统一马克思的资本和西方经济学的资本，消除西方经济学资本理论体系的逻辑悖论，消除对马克思资本理论体系的一些疑问。

第一节　作为生产要素的资本

在西方经济学的资本理论体系中，资本总是由异质的资本品构成，

① 马歇尔．经济学原理（上卷）［M］．北京：商务印书馆，1964：97-98.

② 赫尔南多·德·索托．资本的秘密［M］．南京：江苏人民出版社，2005：28-29.

资本品是为生产的需要而生产的商品，各种资本品的总存量称为资本。① 或者从生产要素的角度来看，经济分析传统将生产要素分为土地、劳动和资本，土地和劳动是初始要素，而资本是生产者生产出来的要素。② 西方经济学将资本定义为资本品或生产者生产出来的生产要素，无法将人力资本、货币资本、金融资本和实收资本等纳入统一的资本范畴，就会出现“白马非马”这样的逻辑悖论。因此，应当拓展西方经济学的以物与物关系为特征的资本概念，使之具有更强的解释力。

一、西方经济学对资本的表述

根据奥地利经济学家庞巴维克的考证，“资本”一词的定义，最早见诸1678年出版的《凯奇·德佛雷斯词典》，该词典给资本下的定义是：资本是能产生利息的“本钱”。庞巴维克本人也给资本下了一个定义：“资本是用作获利的生产出来的产品集合体。”③

威廉·配第，在其著作《政治算术》中表露过将流通中的货币理解为“资本”的意识。④

法国古典政治经济学和重农学派主要代表人物之一的杜尔哥，给出的定义是：资本是“积累起来的流动的价值”。⑤

萨伊在阐述劳动、资本和土地三要素价值论与“三位一体”公式时认为，资本是产业上装备的已经存在的物品和价值。⑥

---

① 约翰·伊特韦尔．新帕尔格雷夫经济学大词典（第一卷）[M]．北京：经济科学出版社，1992：356，361.

② 保罗·萨缪尔森，威廉·诺德豪斯．微观经济学（第18版）[M]．北京：人民邮电出版社，2008：232.

③ 庞巴维克．资本实证论 [M]．北京：商务印书馆，1964：69-93.

④ 威廉·配第．政治算术 [M]．北京：商务印书馆，1978：87.

⑤ 于光远．经济学大辞典（下册）[M]．上海：上海辞书出版社，1992：2020.

⑥ 萨伊．政治经济学概论 [M]．北京：商务印书馆，1963：70.

马尔萨斯给资本所下的定义是，资本是“积累的财富中被用来在未来财富的生产与分配中谋取利润的特殊部分”。①

熊彼特认为，“资本”是企业家为了实现生产要素的新组合而使用的一种手段或“杠杆”，是“可以在任何时候交给企业家的一宗支付手段的数额”，是“交换经济中的一种要素”。②

在现代西方经济学中，萨缪尔森把资本理解为是“一种被生产出来的要素，一种本身就是由经济过程产出的耐用投入品”③。

二、斯密对资本的论述

斯密在《国富论》中写道：“他的全部资财④于是分成两部分。他希望从中取得收入⑤的部分，称为资本。另一部分，则供目前消费。”⑥斯密没有直接给出资本的定义，仅仅是从资财的分类来描述资本，如图 1-1 所示。

这里斯密提出了资本应具有的两种属性。

第一，资财属性，即资本是资财集合的一个子集；

第二，收入属性，运用资财的目的是获取收入。相反，用于自身消

---

① 马尔萨斯．政治经济学原理［M］．北京：商务印书馆，1962：129.

② 熊彼特．经济发展理论［M］．北京：商务印书馆，1990：136-137.

③ 萨缪尔森，诺德豪斯．经济学［M］．北京：华夏出版社，1999：26.

④ 也许是因为“资财”的内涵是非常明确的，或者对理解资本是不重要的，因而斯密没有给出资财的定义。资财作为资本的一个属性，对于判断何者是资本何者不是资本极为重要，尤其是随着当今人力资本理论的发展，明确资财的内涵和外延就显得十分必要了。

⑤ 这里的收入，用会计学术语来说，不是总收入，而是净收入，就是总收入扣除为获取总收入而耗费的成本。正如马歇尔所说：“他的真正的收入或纯收入，是从他的总收入中减去了‘产生总收入的费用’而得的。”见马歇尔．经济学原理（上卷）［M］．北京：商务印书馆，1964：92.

⑥ 亚当·斯密．国富论［M］．北京：商务印书馆，1972：255.

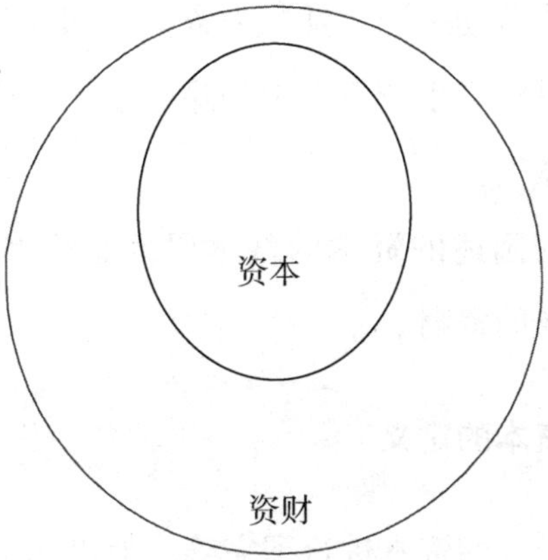

图 1-1 斯密的资本

费的资财就不属于资本。

资财属性相当于资本原始含义中的物质存在；从产权的角度来看，收入属性相当于剩余价值索取权，本书将其称为"增值索取权"，剩余价值的创造与剩余价值的占有未必是一致的，因此，收入属性与资本原始含义中的创造剩余价值的潜能不同。

斯密还将资本分为流动资本和固定资本两类："第一，资本可用来生产、制造或购买物品，然后卖出去以取得利润。这样的资本称为流动资本。第二，资本可以用来改良土地，购买有用的机器和工具。这样的资本可称为固定资本"。① 如果将视野限定在企业的范围，这里所说的流动资本对应企业的流动资产，固定资本对应企业的固定资产，资本则对应企业的全部资产。

斯密还借助生产三要素来解释收入的形成和分配："因为商品的生产和上市，曾经使用劳动、资本和土地，所以大部分商品的价格都分解

① 亚当·斯密．国富论［M］．北京：商务印书馆，1972：255-256.

为三个部分：其一为劳动工资，其二为资本利润，其三为土地地租。”①这里所说的资本则是全部生产要素中扣除劳动、土地以外的要素，也就是“生产出来的要素”。

综上所述，斯密阐述的资本的基本属性是生产要素，是企业的资产，是用于获取收入的资财。

三、马歇尔对资本的定义

马歇尔对斯密定义的资本进行了完善，他仍然坚持资本的目的是获取收入，但对资本的资财属性做了更为细致的描述，其基本逻辑是：首先定义财货，其次由财货的分类来界定财富，由财富的分类来界定资本，如图 1-2 所示。

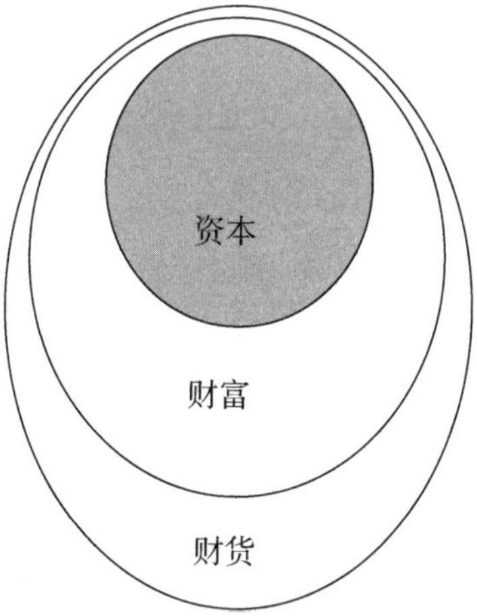

图 1-2　马歇尔的资本

“因为缺少一个简短的通用名词来代表一切人们要得到的东西，即

① 亚当·斯密. 国富论［M］. 北京：商务印书馆，1972：262.

满足人类欲望的东西，我们姑且用财货这个名词来代表它。”① 马歇尔按照物质的财货和人的财货、可转让的财货和不可转让的财货、内在的财货和外在的财货对财货进行分类，具体分类见表 1-1。

表 1-1 马歇尔对财货的分类

<table>
<tr><th colspan="5">分类标准</th></tr>
<tr><th></th><th>物质的还是人的</th><th>内在的还是外在的</th><th>可转让的还是不可转让的</th><th>分类标记</th></tr>
<tr><td rowspan="5">财货</td><td rowspan="2">物质的财货</td><td rowspan="2">外在的财货</td><td>可转让的财货</td><td>A 类</td></tr>
<tr><td>不可转让的财货</td><td>B 类</td></tr>
<tr><td rowspan="3">人的财货</td><td rowspan="2">外在的财货</td><td>可转让的财货</td><td>C 类</td></tr>
<tr><td>不可转让的财货</td><td>D 类</td></tr>
<tr><td>内在的财货</td><td>不可转让的财货</td><td>E 类</td></tr>
</table>

财货首先分为两大类：物质的财货和人的财货。物质的财货包括有用的有形的东西，如建筑物、机器、工具、农产品、矿产品、土地、水、空气；以及诸如股票、债券、专利权等各种权力资产。物质财货独立于人体，故物质财货都属于外在的财货。诸如机器、土地、股票、专利权等，属于可转让财货（属于 A 类）；诸如空气、阳光、气候等的利益，是不可转让的财货（属于 B 类）。

人的财货包括内在的财货和外在的财货。“内在的财货是天生的、存在于他本身之内的财货，或是他以自己的自由活动在本身之内培养出来的财货，如体力、健康、学识等②。凡是外界所提供的以满足他的欲

① 马歇尔．经济学原理（上卷）[M]．北京：商务印书馆，1964：74.

② 马歇尔所阐述的“内在的财货”也就是现代人力资本理论所指的“人力资本”，但在马歇尔所处的年代，人力资本的作用远不及物质资本重要，因而马歇尔并没有将“内在的财货”列入资本。

望的东西，对他而言都是外在的财货。”① 人的内在财货存在于人体之内，比如一个人的经营能力、专门技能、劳动能力等，这些能力或技能不可转让给他人，故人的内在的财货是不可转让的财货（属于 E 类）。人的外在财货是由有利于他与别人的关系构成的，例如，企业主拥有的对员工的劳务索取权，这种权利可以转让，属于人的外在的可转让财货（属于 C 类）；商人拥有的商业信誉和人际关系网络、公民拥有的公民权利和使用公共财产的权利，这些权利不可转让，属于人的外在的不可转让财货（属于 D 类）。

马歇尔在财货分类的基础上界定财富：“一个人的财富是由他的外在的财货（即 A、B、C 和 D 类）中那些能用货币衡量的部分构成的。构成财富的财货包括两类：第一种财货是他具有私有产权（根据法律或风俗）的那些物质财货，因为它们是可以转让和交换的；第二种财货是属于他所有的、在他之外的而且直接作为使他能够获得物质财货的手段的那些非物质的财货。”② 反过来看，人的内在的财货不属于财富。

在界定了财富的基础上，马歇尔给出资本的定义：“市场的用语通常是把一个人的资本看作是他的财富中用于获得货币形态的收入的那一部分；或较为一般地说，就是以营业的方法获得收入的那一部分。”③

马歇尔对财货施加了三个限定条件来界定财富，即外在的、拥有私有产权的且能用货币衡量的财货才是一个人的财富。如果仅仅是为了界定财富，似乎没有必要过多关注这三个限定条件，但从财富界定资本的角度来看，这三个限定条件使马歇尔定义的资本过于狭隘。

“外在的财货”的限制条件，将内在的财货排除在财富之外，从而

① 马歇尔．经济学原理（上卷）[M]．北京：商务印书馆，1964：74.
② 马歇尔．经济学原理（上卷）[M]．北京：商务印书馆，1964：76-77.
③ 马歇尔．经济学原理（上卷）[M]．北京：商务印书馆，1964：94.

也就将内在财货排除在马歇尔的资本之外，因而马歇尔的资本理论体系不能包容人力资本。

“拥有私有产权财货”的限制条件，将社会公共资源排除在马歇尔的资本之外。例如，猎人在没有产权约束的森林里捕猎，他不拥有对森林的产权，但森林的确为他提供了净收入，可以自由捕猎的森林是否可以算作猎人的资本？

“能够用货币衡量的财货”的限定条件，将不能用货币衡量的财货排除在马歇尔的资本之外。人的劳动能力难以用货币衡量，但并不妨碍劳动能力为自己或为别人创造剩余价值，劳动能力是否应当算作资本？森林对猎人的价值难以用货币衡量，但不妨碍森林为猎人带来净收入，森林是否可算作猎人的资本？没有市场价格的商誉，并不妨碍其为企业带来超额利润，这种商誉是否应当算作资本？

马歇尔对资本的阐述，较之于斯密的观点改进之处是系统阐述了财货概念，比资财的界限清晰，当然还是秉承了财货（资财）用于获取收入的目的。

综上所述，在西方经济学的理论体系中，人们对资本的理解各有不同，但其核心还是“生产出来的要素”，这也是西方经济学资本理论的核心。

第二节 作为生产关系的资本

马克思把用毕生精力写成的巨著定名为《资本论》并不是偶然的，

他是把资本作为全书的主题进行阐述的。① 但是，马克思并没有明确给出资本的定义，从而引起对马克思资本理论体系的误解和对资本范畴的长期争论。

一、对流行的资本定义分析

“定义是揭示概念内涵的逻辑方法。揭示概念的内涵，就是要揭示概念所反映的对象的本质属性，从而明确概念的内涵。”② 例如，“正方形就是四条边相等、四个角均为直角的四边形”，反映了正方形的本质属性，符合定义的要求；“正方形就是四条边相等的四边形”不符合定义的要求，犯了定义过宽的错误，尽管正方形一定是“四条边相等的四边形”，但是，菱形（四条边相等、四个角不是直角的四边形）却不是正方形；“正方形就是四条边相等、四个角均为直角、周长等于4米的四边形”也不符合定义的要求，犯了定义过窄的错误，有许多正方形其周长大于4米，也有许多正方形其周长小于4米，周长等于4米并不是正方形的本质属性。

权威的政治经济学教科书认为：“资本是价值的一种特殊形式，是不断地在运动中谋求自身增殖的价值③；资本是能够带来价值增值的价值④；资本是能带来剩余价值的价值⑤”。这些对资本的定义是否准确反映了马克思《资本论》中的资本概念的本质属性？

马克思在《资本论》第一卷论述货币转化为资本时指出：“货币是

① 逄锦聚．政治经济学热点难点争鸣［M］．北京：高等教育出版社，2004：117.
② 赵绍．逻辑学［M］．成都：西南交通大学出版社，2005：29.
③ 逄锦聚．政治经济学热点难点争鸣［M］．北京：高等教育出版社，2004：66.
④ 张维达．政治经济学（第二版）［M］．北京：高等教育出版社，2004：74.
⑤ 逄锦聚．政治经济学热点难点争鸣［M］．北京：高等教育出版社，2004：161.

资本的最初表现形式。①作为货币的货币和作为资本的货币的区别，首先只是在于它们具有不同的流通形式。②例如，用 100 镑买的棉花卖 100 镑+10 镑，即 110 镑。因此，这个过程的完整形式是 G—W—G′，其中的 G′=G+ΔG，即等于原预付货币额加上一个增殖额。我们把这个增殖额或超过原价值的余额叫作剩余价值。可见，原预付价值不仅在流通中保存下来，而且在流通中改变了自己的价值量，加上了一个剩余价值，或者说增殖了。正是这种运动使价值转化为资本。”③在《资本论》第三卷论述生息资本时指出：“资本通过自己的增殖来表明自己是资本；它的增殖程度，表示它作为资本实现的量的程度。”④马克思的这些论述似乎成为上述定义的理论依据。笔者认为上述定义并不符合马克思的本意，这些论述并不能为上述定义提供理论依据。

马克思在《资本论》第二十四章“资本关系在生息资本形式上的外表化”指出：“资本本身总是表现为这种会直接自行增殖的价值。”⑤我们不能忽略“表现为”这三个字，这三个字告诉我们：“直接自行增殖的价值”仅仅是资本的外在表现，并不是资本的本质属性，这正是马克思在本章所要论证的。“在生息资本上，资本关系取得了最表面、最富有拜物教性质的形式。在这里，我们看到的是，生产更多货币的货币，是没有在两极间起中介作用的过程而自行增殖的价值。在生息资本上，这个自行增值的价值，会生出货币的货币，就纯粹地表现出来了，并且在这个形式上再也看不到它的起源的任何痕迹了。创造价值，提供

① 马克思．资本论（第 1 卷）[M]．北京：人民出版社，1975：168.
② 马克思．资本论（第 1 卷）[M]．北京：人民出版社，1975：168.
③ 马克思．资本论（第 1 卷）[M]．北京：人民出版社，1975：172.
④ 马克思．资本论（第 3 卷）[M]．北京：人民出版社，1975：397.
⑤ 马克思．资本论（第 3 卷）[M]．北京：人民出版社，1975：441-442.

利息，成了货币的属性，就像梨树的属性是结梨一样。尽管利息只是利润即执行职能的资本家从工人身上榨取的剩余价值的一部分，现在它却反过来表现为资本的真正果实。对于要把资本说成是价值和价值创造的独立源泉的庸俗经济学来说，这个形式自然是它求之不得的。在这个形式上，利润的源泉再也看不出来了，资本主义生产过程的结果也离开过程本身而取得了独立的存在。"① 由此可见，"带来剩余价值的价值""带来价值增值的价值""谋求自身增殖的价值"都不过是资本的外在表现形式，不是资本的本质属性，将其作为马克思的资本的定义并不恰当。

二、马克思对资本的论述

在马克思的资本理论体系中，"资本不是物质的和生产出来的生产资料的总和②；资本是一种社会生产关系；资本不是一种物，而是一种以物为媒介的人和人之间的社会关系。"③ 可见，马克思所定义的资本与西方经济学中所定义的资本——生产者生产出来的生产要素截然不同。在马克思资本理论体系中，资本不是生产者生产出来的生产要素，而是一种社会生产关系，具体来说，这种社会生产关系就是：

①资本家拥有生产资料的所有权；

②工人拥有劳动力的所有权；

③剩余价值是由工人的剩余劳动所创造，但工人只能得到劳动力的价值；

④剩余价值却由资本家占有。

---

① 马克思．资本论（第3卷）［M］．北京：人民出版社，1975：440-442.
② 马克思．资本论（第3卷）［M］．北京：人民出版社，1975：920.
③ 马克思．资本论（第1卷）［M］．北京：人民出版社，1975：834-835.

这种社会生产关系可以凝练为剩余价值索取权，即在马克思资本理论体系中最核心的社会生产关系是剩余价值索取权。其实，揭示这种关系正是《资本论》的核心之一。

《新帕尔格雷夫经济学大词典》（第一卷）将资本理论体系划分为两类：作为一种生产要素的资本和作为一种社会关系的资本①，而将马克思的资本归入“作为一种社会关系的资本”。可以将“资本是社会生产关系”归结为“资本是剩余价值索取权”，而在西方资本理论体系中的资本是生产者生产出来的生产要素，看来两者泾渭分明，不可调和。本书将试图协调和统一这两种资本理论体系中的资本。

尽管马克思反复强调资本不是物，但在马克思的资本理论体系中，货币可以转化为资本，劳动力可以转化为资本，生产资料可以转化为资本。“如果说，劳动力只有在它的卖者手中即雇佣工人手中才是商品，那么相反，它只有在它的买者手中，即暂时握有它的使用权的资本家手中，才成为资本。正如人类劳动力并非天然是资本一样，生产资料也并非天然是资本。只有在一定的历史条件下，生产资料才取得这种独特的社会性质。正如只有在一定的历史发展条件下，贵金属才获得货币的独特的社会性质，货币才获得货币资本的独特的社会性质一样。”②“纺纱机是纺棉花的机器。只有在一定的关系下，它才成为资本。脱离了这种关系，它也就不是资本了。”③既然资本不是物，而是一种社会生产关系，生产资料转化为资本的含义是什么？是生产资料转化为“一种社会生产关系”？这显然是不可能的，物质的生产资料无论如何也不可能

① 约翰·伊特韦尔等．新帕尔格雷夫经济学大词典（第一卷）[M]．北京：经济科学出版社，1992. 356-362.

② 马克思．资本论（第2卷）[M]．北京：人民出版社，1975：45.

③ 马克思．资本论（第1卷）[M]．北京：人民出版社，1975：834-835.

转化为存在于人们观念之中的"人和人之间的社会生产关系"。还是说转化为资本的生产资料还是生产资料，只不过是生产资料中具有特定属性的生产资料？如果这种说法成立，那么，在马克思的资本理论体系中，资本既是特定的生产关系，也是特定的生产资料；资本不是物，也是物。是马克思的资本理论体系存在逻辑矛盾？还是我们误解了马克思？

第三节　资本及资本的二维属性

一、资本

1. 资本的定义

结合资本的原始含义和经典作家对资本的定义，笔者尝试给出一个更为有用的资本定义：

资本是一个增值过程，任何一个增值过程都是资本①。

增值过程是一个人为建立的系统，建立这个系统的目的在于形成价值增值和获取价值增值。

价值增值过程是一个人为建立的"系统"，这个系统是一个投入产出过程，并且预期增值过程结束时财货的价值大于增值过程开始时投入

① 笔者曾经给出的资本定义是："投入增值过程的财货称为资本。"见刘玉勋．论资本的二维属性［J］．生产力研究，2010（12）：17. 尽管这个定义将增值过程作为资本的前提，但是这个定义的侧重点仍然没有脱离财货。按照这个定义，资本无非就是限定用途的财货，用于增值的财货，其视角仍然没有超脱西方经济学的资本的物的属性。按照笔者建立的资本二维属性理论，财货仅仅是资本的重要属性之一，权益也只是资本的重要属性之一。因此，重新定义了资本。

财货的价值。

财货的价值是以货币为计量单位衡量的财货所值的金额。市场交易价格是财货价值的具体表现形式，会计核算所采用的公允价值是财货价值的一种估计模式。

2. 资本的例子

企业是最为典型的价值增值过程。企业设立的目的就是获取利润，获取利润是企业生存和发展的基础。各种生产要素投入企业，进入生产过程，生产出产品，经过销售获得收入，获得利润，经过“供产销”实现了价值增值。投入企业的各项生产要素形成了一个增值过程，企业的各项权益（债权人权益和股东权益）决定了企业增值的分配。

与企业这个增值过程相对应，企业的债权人将现金投入企业，也形成了一个增值过程：投资者将现金投入企业，获得企业的债权，投资者成为企业的债权人，债权成为构成这个增值过程的财货；债权人在债权持有期间收到利息，在债权到期日收回本金，增值过程完成。债权人的增值过程可以概括为“债权”。在正常情况下，与债权人相关的增值过程只是其持有的债权。债权人的增值过程与企业的增值过程是两个相对独立的增值过程。

与企业这个增值过程相对应，企业的股东将现金投入企业，也形成了一个增值过程：投资者将现金投入企业，获得企业的股权，投资者成为企业的股东，股权成为构成这个增值过程的财货；股东既可以获得股票价格上涨带来的收益，也可获得现金分红带来的收益；股东卖出股票，该增值过程即结束。股东的增值过程可以概括为“股权”。在正常情况下，与股东相关的增值过程只是其持有的股权。股东的增值过程与企业的增值过程也是两个相对独立的增值过程。

以上列举了与企业相关的三个增值过程：企业的增值过程；债权人

的增值过程；股东的增值过程。其实与企业相关的增值过程还有许多，比如员工的增值过程等，员工的增值过程就是工作，员工为企业工作获取劳动报酬。

二、资本的二维属性

1. 资本二维属性的定义

作为一个增值过程，资本具有许多性质，但其中最重要的性质是财货属性和索取权属性。我们将其归纳为资本的二维属性：财货属性和权力。

财货属性：投入价值增值过程的财货，形成了增值过程；在增值过程中，对财货的运用才能实现资本增值；故财货是资本的第一维属性。

索取权属性：对增值过程的全部权利称为索取权，简称为对增值过程的索取权，或索取权，这是资本的第二维属性。索取权是对增值过程的各项权利的全集，对增值过程的各项权利的全部构成了索取权。

借用数学中的坐标“（财货，索取权）”来表示资本的二维属性。

资本的第一维属性——财货是资本的第二维属性——索取权的基础。财货作为增值过程的投入品，是价值创造的源泉。相反，如果没有财货作为增值过程的投入，增值过程也就不会存在，也就没有了可供分享的增值，索取权的基础也就不存在了。财货形成了增值过程，从而也就为相关各方提供了分享增值的可能性。因此，没有财货，也就不存在增值过程，也就不存在索取权。

资本的第二维属性——索取权反作用于资本的第一维属性——财货。如果法律严格限制了基于一项财货的索取权，则没有任何人有动力将其投入增值过程；相反，法律如果严格保护了某项财货的索取权，则该项权利的所有者就会精心选择该财货的最佳用途（挑选最优的增值过程），以使其所有权得到最佳的实现。

2. 资本二维属性的举例

企业是典型的增值过程。股东将设备和土地投入企业，创立企业也就形成了资本，企业资本的二维属性为（设备+土地，股权）；尔后，企业吸收债权人投入现金，债权人将现金投入企业获得债权，债权人将现金投入企业的目的是获取增值——利息。吸收债权人投入后，企业资本的二维属性为（设备+土地+现金，股权+债权）。资本的第一维属性决定资本增值，资本的第二维属性决定资本增值的归属。

债权人的增值过程为“债权”，其资本的二维属性为（债权，债权人对债权的所有权）；股东的增值过程为“股权”，其资本二维属性为（股权，股东对股权的所有权）。

债权在企业这个增值过程中是资本的第二维属性，是企业所有权的一部分；债权在债权人的增值过程中则是资本的第一维属性，债权是债权人的财货，是构成其增值过程的财货。

同样，股权在企业这个增值过程中是资本的第二维属性，是企业所有权的一部分；在所有者的增值过程中则是资本的第一维属性，股权是股东的财货，是构成股东的增值过程的财货。

因此，债权、股权对企业来说，是资本的第二维属性——索取权；对债权人、股东来说，则是债权人、股东的财货。可见，企业资本的第二维属性——索取权又是另一主体的财货。资本的二维属性是相对于增值过程的，是某一特定资本的二维属性。

第四节 资本二维属性的应用

一、用资本的二维属性来理解马克思的资本理论体系

前已述及，在马克思的资本理论体系中，资本不是物，也是物；生产资料本身不是资本，但生产资料可以转化为资本；资本既是生产关系，也是生产资料。这似乎存在逻辑矛盾，但是，如果我们从资本的二维属性来探讨，就会认识到马克思资本理论体系逻辑严密、思想深邃。

“资本不是物，而是一定的、社会的、属于一定历史社会形态的生产关系，它体现在一个物上，并赋予这个物以特有的社会性质。”①

“资本不是物”可以理解为：由于资本是二维的，单单第一维度——财货本身不是资本，没有投入增值过程的物不是资本，没有衍生出增值索取的物不是资本；“资本是一定的、社会的、属于一定历史社会形态的生产关系”可以理解为：构成资本的第二个维度是索取权；“资本体现在一个物上，并赋予这个物以特有的社会性质”可以理解为：完整的资本是二维的，财货（物）是资本的第一个维度，索取权（社会性质）是资本的第二维度。“资本不是一种物，而是一种以物为媒介的人和人之间的社会关系。”② 这是对资本的第二维属性更为明确的表述。

如果我们认可了索取权是资本的第二维属性，就不难理解：“资本

① 马克思．资本论（第3卷）［M］．北京：人民出版社，1975：920.

② 马克思．资本论（第1卷）［M］．北京：人民出版社，1975：834-835.

是已经转化为资本的生产资料，这种生产资料本身不是资本。”① 资本是二维的，资本的第一维度——生产资料（财货）本身不是资本，要看资本的第二维度，谁拥有增值索取权，生产资料才是谁的资本。股权和债权都是增值索取权，因此生产资料转化为股东的资本、债权人的资本，用资本的二维属性（生产资料，股权+债权）加以描述。

二、用资本的二维属性来协调和统一马克思的资本和西方经济学的资本

在马克思的资本理论体系中，资本不是物质的和生产出来的生产资料的总和，资本是一种社会生产关系；在西方经济学的资本理论体系中资本是生产者生产出来的要素。两种资本理论体系似乎存在着不可调和的矛盾，我们利用资本的二维属性对其进行分析。

根据前面的分析，我们看到，马克思的资本与资本二维属性是相吻合的。马克思一再重申资本不是物，资本不是生产资料，其主旨是强调资本的第一维属性——财货本身不是资本，舍弃资本的第二维属性谈资本是没有意义的，马克思的资本理论体系更为关心的是剩余价值问题，因此，更为重视资本的第二维属性。

为什么西方经济学的资本理论体系只见物，不见人和人之间的社会生产关系？在西方经济学的资本理论体系中，财富的创造与财富的分配是对称的②，因而研究的重点就落在了财富的创造过程，而典型的财富创造过程就是企业的生产过程，因此，生产要素就成为西方资本理论体系研究的重点，对财富的分配就被有意或无意忽略掉了。西方经济学的

---

① 马克思．资本论（第3卷）[M]．北京：人民出版社，1975：920.

② 正如边际生产力理论所阐述的：工资等于劳动的边际生产力，利息等于资本的边际生产力，地租等于土地的边际生产力。

资本理论体系并不排斥资本的二维属性。本书所提出的资本二维属性就是从斯密和马歇尔对资本的论述中提炼出来的。斯密的资本包含了资财和收入二维属性，马歇尔的资本包含了财富和收入二维属性，在生产者生产出来的生产要素后面也隐含了私有产权，因此，生产者生产出来的要素作为资本也是二维的。

综上所述，马克思的资本和西方经济学的资本在资本的二维属性下得到统一，两者仅是研究的重点不同：马克思资本理论体系侧重于阐述财富的分配，将资本第二维属性作为研究的重点；西方经济学资本理论体系侧重于阐述财富的创造，将资本的第一维属性作为研究的重点。①完整的资本是二维的——财货和索取权。

第五节　资本的分类

西方经济学资本理论体系将资本局限于一维的生产者生产出来的要素，无法将诸如人力资本、货币资本、金融资本和实收资本等纳入统一的资本范畴，就会出现“白马非马”这样的逻辑悖论。在马克思的资本理论体系中，货币可以转化为资本，劳动力可以转化为资本，生产资料可以转化为资本，可见马克思的资本理论体系有更大的包容性。本节通过资本的二维属性以及增值过程对资本进行分类并对资本做进一步的分析。

① 有必要指出，两大资本理论体系的资本概念可以统一在资本二维属性下，但两大资本理论体系是不能统一的。马克思的资本理论体系的基本假设之一是“剩余价值的创造与剩余价值的分配是不对称的”，这与西方经济学资本理论体系的“财富创造与财富分配对称性假设”有天壤之别。

一、资本按第一维属性分类

资本按第一维属性分类，也就是按财货的具体形态对资本进行分类，投入增值过程的财货有什么样的形态，资本也就具有与之相应的什么样形态。按第一维属性分类，资本可以分为货币资本、权利资本、人力资本、物质资本等。①

货币资本：投入增值过程的货币，以货币形态存在的资本，财货循环（增值过程）的起点或终点。货币，通过交易可以转化为其他财货，货币具有支配其他财货的能力。因此，货币资本又具有权力资本的特性，可以将货币资本理解为抽象的权利资本。

权利资本：企业拥有的商标使用权、土地使用权、采矿权、特许经营权等权利，企业持有的股权资产、债权资产等金融资产，都属于权利资本。权利资本最终表现为对其他资本的支配权。

人力资本：投入增值过程的劳动能力。

物质资本：企业拥有的机器、厂房、原材料等具有物质形态的财货都属于物质资本。

人力资本本质上也属于物质资本，货币资本本质上也属于权利资本。因此，资本按第一维属性分类，可以只分为两类：权利资本和物质资本。

资本按第一维属性分类，更为确切地说是对资本的第一维属性——财货的分类。企业的财货可以分为：货币财货、权利财货、人力财货、物质财货四类；若货币财货归入权利类财货，人力财货归入物质类财

① 这里有一个隐含前提，就是假定了增值过程为企业，或者说，我们以企业为背景，讨论企业之中的资本，也就是对企业拥有的财货的分类。这里的分类本质上是列举主要的资本类型，也许还存在其他类型的资本。

货，则企业财货仅仅分为两类：权利财货和物质财货。

二、资本按第二维属性分类

资本按第二维属性分类，也就是按索取权对资本进行分类，具体可分为债权资本、股权资本和混合资本。

债权资本：投资者将财货投入企业（通常情况下为货币）得到企业的债权，则投入企业的财货形成了一项债权资本，投资者在通常情况下失去了对财货的控制权，其所拥有的只是债权，其索取权是严格界定的。对该投资者来说，其所持有的债权也是一项财货，他将财货投入企业获取债权，无非就是将一项财货转换为另一项财货。债权资本其实质是资本第二维属性中的一类。

股权资本：投资者将财货投入企业得到企业的股权，则投入企业的财货形成了一项股权资本。从投资者的角度来看，其将财货投入增值过程获取了企业的股权，无非就是将一项财货转换为另一项财货。股权资本的实质是企业第二维属性中的一类。

混合资本：投资者将财货投入企业得到的增值索取权，既不是债权也不是股权，在这种情况下，投入企业的财货形成了一项混合资本。混合资本是介于债权资本和股权资本之间的一种资本。比如，投资者将财货投入企业得到的是可转换债券，可转换债券既不是债权也不是股权。又如，经理人股票期权激励计划规定，经理人在行权时可以采用现金结算或者股票结算，经理人具有选择结算方式的权利，该计划使经理人得到的增值索取权也介于债权和股权之间。

资本按第二维属性分类，更为确切地说是对资本的第二维属性——索取权的分类。索取权通常可分为两类：债权和股权；或者分为三类：债权、混合索取权、股权。

三、资本按增值过程分类

资本按增值过程分类，也就是按财货的循环过程进行分类。增值过程最为显著的差别可以归结增值过程的“产品”的差异：商品、服务、金融产品，据此可以按增值过程将资本分为：产业资本、商业资本、金融业资本等。

第六节 资本的价值及资本增值

一、资本的价值

财货和所有权其实是同一事物的两个方面，构成增值过程的财货具有价值，这个价值可以通过市场价格来估计，或者按其产生现金流量的能力来估计；作为增值过程的所有权也是有价值的，其价值等于财货的价值；如果将增值过程在市场中卖出，形式上卖出的是财货，实质上卖出的是所有权，这就如同房产交易，形式上卖出的是房产，其实卖出的是房产的所有权，交易的房产没有任何变化，只是所有权易主了。因此，有如下的等式：

财货的价值=所有权的价值

这个等式是资本二维属性之间极其重要的关系，我们将其称为“资本的等价方程”，即资本的二维属性价值相等，就是财货的价值与所有权的价值相等。

当然，资本的等价方程是建立在公平交易的理想环境之中的。假如财货的市场价值为1000万元，而买方通过强制手段逼迫所有者接受了

300万元的价格卖出，这时所有权的价值就是300万元，远远低于财货的价值。资本的等价方程被破坏，是由人为因素造成的。水往低处流，这是自然规律，在河流中建立一个水坝，可以阻止河水的流动，但这并不能否定“水往低处流”这个规律。

若财货的价值为零，则所有权的价值也为零；若财货的价值上升，则所有权的价值也相应上升；若财货的价值不变，所有权的价值也不会发生变动。可见，所有权的价值在正常情况下等于财货的价值，所有权的价值是由财货的价值决定的。

下面定义资本的价值：

资本的价值就是增值过程的财货的价值或所有权的价值。

资本的价值=财货的价值=所有权的价值

财货的价值决定资本的价值。

二、资本的增值

按照我们给出的资本定义，资本是一个增值过程。增值的含义就是增值过程导致的资本价值增加。

资本的增值属性，是资本的财货属性、索取权属性之外的第三个重要属性。但是，增值属性是资本的财货属性和索取权属性引申出来的次级属性，并不是与财货属性和索取权属性并列的属性。

资本是一个增值过程，增值是人们将财货投入增值过程的根本目的和动力，增值属性的含义是“增值过程预期会导致资本增值”。

投资者买入股票到卖出股票是一个价值增值过程。如果预期交易得到的价值大于交易付出的成本，则该交易过程就是一个价值增值过程；如果预期合同权利的价值大于合同义务的成本，则该契约就是一个价值增值过程。

财货投入交易过程形成了合同权利和合同义务，将合同权利扣除合同义务称为净索取权，则有，净索取权价值=合同权利的价值-合同义务的成本。如果净索取权价值预期大于零，则将其称为“增值索取权”。将财货投入交易过程的根本目的在于获得增值，即预期净索取权的价值大于零，因此，从产权的角度来看，财货投入交易过程等价于财货衍生出增值索取权。如果财货投入交易过程形成的净索取权价值预期小于或等于零，财货的所有者就不会参与该交易，因此，也就不会形成资本。因此，财货投入交易过程所衍生出的索取权，必然是增值索取权。

价值增值是预期的。价值增值过程充满了不确定性，投入“过程”的财货最终能否增值充满了不确定性。在将财货投入“过程”之前，理性经济人要对价值增值进行预期，尔后做出是否将其持有的财货投入“增值过程”的决定，一旦决定了将财货投入“增值过程”，他的财货就暴露在不确定性或风险之中。因此，在“增值过程”开始之前，财货价值增值还只是潜在的——预期会增值，只有在增值过程结束时，才能知道财货是否增值了。如果财货价值没有增值，财货在事实上并没有成为其主人的资本；如果财货增值了，则财货成为现实的资本。潜在的资本是在增值过程开始之前对财货增值的预期，现实资本是在增值过程结束之后对财货增值状况的判断。

股票投资者在买入股票的时候，预期是赚钱的，目的是赚钱，如果卖出股票时却是赔钱，这也不能否定其持有的股票的资本属性。

由于信息的限制，或者由于不确定性的影响，潜在的资本最终没有成为现实的资本，理性的财货所有者将不会多次重复该“增值过程”，会转而寻求其他的价值增值过程。

三、资本增值举例

我们以张三的一套房产为例进行讨论。在初始状态，张三的房产处于闲置状态，没有投入增值过程中，故没有形成资本。但张三的这套房产也有二维属性，财货属性和索取权属性（张三的房产，张三对房产的所有权）。因为这套房产没有投入增值过程中，因而张三拥有它的全部权利——所有权。张三的房产之所以没有出租，处于闲置状态，是因为他考虑到租金太低，还弥补不了房产的折旧。忽然有一日，有个专业人士指出，房屋的折旧是沉没成本，无论出租与否都要发生，是不应当考虑的成本；应当考虑的是机会成本，就是除了出租以外用途所能带来的最大收益。该房产要么出租，要么闲置，只有这两个选项，闲置的收益为零，故机会成本为零，只要有租金就是收益，因此，应当将闲置的房产出租。张三接受了专业人士的建议，将房产出租，也即将房产投入增值过程并衍生出租金索取权，形成了资本，其二维属性为（张三的房产，张三的租金索取权）。

从交易的角度来看，张三获取租金索取权的代价仅仅是让渡了房产的使用权，而不是房产的所有权。因此，这项交易所形成的资本可以更为准确地描述为：（张三房产的使用权，张三的租金索取权），从外在的形式来看投入增值过程的财货似乎是房产，但实质上是房产在一定期间的使用权。

张三的房产其实还处在另一增值过程，就是预期未来房价上涨。无论是出租还是闲置，房价上涨带来的收益都归属于房产的主人，张三的这项资本的二维属性可描述为：（张三的房产，张三对房产的所有权-张三房产的使用权）。

张三出租房产，获得了两个增值过程，一是获取房产的增值收益，一是获取租金；张三出租房产，其房产所有权受到了部分限制，此时张三基于房产的权利转化为：（张三对房产的所有权-张三房产的使用权）+张三的租金索取权两项权利，前一项权利包含着获取房产的增值收益，后一项权利包含着获取租金收益。从财货的角度来看，出租前后张三始终拥有房产；但从资本角度来看，出租房产，增加了张三的增值过程数量，增加了张三的资本数量，也增加了张三的增值索取权。

参考文献：

[1] 孙咏梅. 资本效率理论与产业增长 [M]. 北京：经济科学出版社，2007.

[2] 约翰·伊特韦尔等. 新帕尔格雷夫经济学大词典（第一卷）[M]. 北京：经济科学出版社，1992.

[3] 马歇尔. 经济学原理（上卷）[M]. 北京：商务印书馆，1964.

[4] 赫尔南多·德·索托. 资本的秘密 [M]. 南京：江苏人民出版社，2005.

[5] 保罗·萨缪尔森，威廉·诺德豪斯. 微观经济学（第18版）[M]. 北京：人民邮电出版社，2008.

[6] 庞巴维克. 资本实证论 [M]. 北京：商务印书馆，1964.

[7] 威廉·配第. 政治算术 [M]. 北京：商务印书馆，1978.

[8] 于光远. 经济学大辞典（下册）[M]. 上海：上海辞书出版社，1992.

[9] 萨伊. 政治经济学概论 [M]. 北京：商务印书馆，1963.

[10] 马尔萨斯. 政治经济学原理 [M]. 北京：商务印书馆，1962.

[11] 熊彼特. 经济发展理论 [M]. 北京：商务印书馆，1990.

[12] 亚当·斯密. 国富论 [M]. 北京：商务印书馆，1972.

［13］逄锦聚．政治经济学热点难点争鸣［M］．北京：高等教育出版社，2004.

［14］赵绍．逻辑学［M］．成都：西南交通大学出版社，2005.

［15］张维达．政治经济学（第二版）［M］．北京：高等教育出版社，2004.

［16］马克思．资本论（第1卷）［M］．北京：人民出版社，1975.

［17］马克思．资本论（第2卷）［M］．北京：人民出版社，1975.

［18］马克思．资本论（第3卷）［M］．北京：人民出版社，1975.

第二章

资本运动及资本变动

本章以资本的二维属性理论为基础，对资本运动和资本变动加以严格区分，探讨资本运动及资本变动。

资本运动是指增值过程的实际运行。从时间的维度来看，增值过程是一个动态过程，就是资本的运动过程。资本运动包括：资本投入、资本退出、财货运动、权益运动。

资本变动是指资本运动导致的资本属性发生的变动。本章主要探讨资本的二维属性的变动。资本变动可分为资本形态变动、资本价值变动；或者分为财货变动、权益变动。

资本运动是客观存在；资本变动是主观意识，是人们对资本运动的计量、描述和反映；资本运动是增值过程的实际运行，是经济业务的实际发生，是资本变动的原因；资本变动是资本运动的结果。

如果将资本与树木做一个类比，资本运动类比于树木的生长；资本变动则类比于诸如树的高度变动、树干周长的变动、树冠周长的变动等。树的各项变动指标反映了树的生长情况，资本变动的各项指标则反映了资本的运动情况。

资本运动是会计信息系统的输入对象，资本变动是会计信息系统的输出对象。严格区分资本运动与资本变动，方可准确描述会计对象。①

第一节　资本运动

资本（增值过程）就如同一个生命体，财货时而投入、财货时而退出，吐故纳新，周而复始，不断运动。资本运动可分为三个阶段：

资本投入阶段：财货投入增值过程，资本运动的始点；

资本运营阶段：介于始点和终点之间的阶段；

资本退出阶段：财货退出增值过程，资本运动的终点。

在资本运营阶段，资本运动可分为财货运动和权益运动。故资本运动可分为：资本投入、资本退出、财货运动、权益运动，如图 2－1 所示。

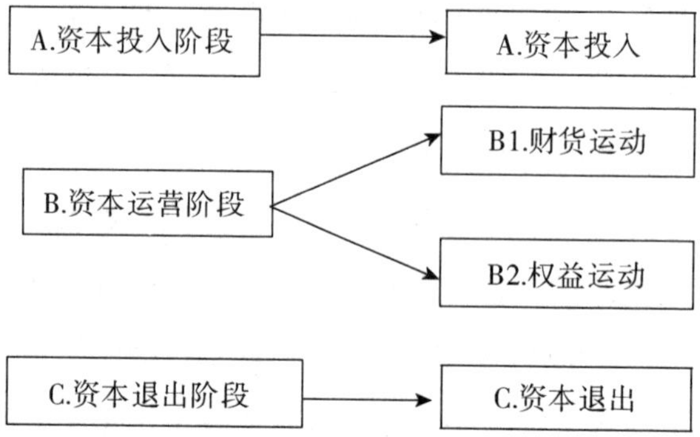

图 2－1　资本运动的分类

① 这里只是关于会计对象的结论性观点，有关论述详见“第三章 会计对象”。

一、资本投入

财货的所有者将财货投入增值过程，即为资本投入。资本投入形成了增值过程，资本投入是增值过程的起点。

按照财货投入企业形成的索取权的类别可将资本投入区分为债权资本投入和股权资本投入。例如，投资者将现金投入企业获取对企业的债权，就是债权资本投入；投资者将设备投入企业获取企业的股权，就是股权资本投入；企业发行债券为债权资本投入，企业发行股票则为股权资本投入。

资本投入首先引起财货增加，即财货形态变动和财货价值增加，财货价值增加进而引起权益价值增加，权益价值增加引起权益形态变动，因此，资本投入引起财货形态变动、权益形态变动和资本价值增加。

二、资本退出

与资本投入相对应，财货退出增值过程，即为资本退出。资本退出是增值过程的终点。

按照减少的索取权的类别可将资本退出区分为债权资本退出和股权资本退出。例如，企业偿还到期的债券，为债权资本退出；回购公司的股票并注销，则为股权资本退出。

财货退出增值过程，导致财货价值减少和财货形态变动，进而导致权益减少和权益形态变动。因此，资本退出引起财货形态变动、权益形态变动和资本价值减少。

三、财货运动

财货运动，是指在增值过程中财货的运用。财货运动是除了资本投入、资本退出以外，在资本运营阶段财货发生的运动，这有别于资本投入阶段和资本退出阶段发生的资本运动。财货运动包括如下几类。

1. 财货流出

财货流出是指在增值过程中财货流出企业（离开增值过程），企业失去了财货的所有权；财货流出不同于资本退出阶段的财货退出增值过程。财货流出导致企业财货价值减少。

例如，企业对外扶贫捐赠一笔款项，由此引起的资本运动就是财货流出。支付应付账款，属于债权资本退出，不属于财货流出。向购货方交付商品，属于财货形态转换，也不属于财货流出。

2. 财货消耗

财货消耗是指在增值过程中财货本身及其价值都被消耗了，“由有到无”，其价值也没有转移到其他财货中。

例如，企业管理部门消耗的自来水、办公用品，消耗的电力等；发生火灾毁损的物品（此处假定无残值）。财货消耗导致企业财货价值减少。

3. 财货减值

财货减值是指财货的形态基本不变，财货的价值降低，并且降低的价值没有转移到其他财货中。

例如，企业管理部门用的设备发生折旧而导致价值下降，下降的价值并没有转移到其他财货中去。又如，企业持有的投资性股票，因市场价格下降而导致其公允价值下降。再如，企业的固定资产经减值测试断定发生减值。财货减值导致企业财货价值减少。

4. 财货价值转移

财货价值转移是指财货的形态基本不变，财货的价值下降，下降的财货价值等额转移到其他财货中。

例如，企业生产部门设备的折旧，导致设备价值下降，折旧的价值转移到了产品中。财货价值转移不改变企业财货价值总额，价值只是从某一财货转移到另一财货中。

5. 财货形态转换

财货形态转换是指财货本身及其价值全部转移到其他财货中。

例如，生产领用的零件，零件及其价值全部转移到了产品之中。又如，直接收取货款的销售业务，交付商品收取货款时，该业务引起的财货运动就是商品转换为现金，属于财货形态转换。赊销商品，交付商品确认应收账款时，商品转换为应收账款；收取货款时，应收账款转换为现金，都属于财货形态转换。

财货形态转换可能导致财货价值增加、不变或减少。

6. 财货流入

财货流入是指在增值过程中财货流入企业（进入增值过程），企业获得了财货的所有权；财货流入不同于资本投入阶段的财货进入增值过程。财货流入导致企业财货价值增加。

例如，企业接受一笔捐赠款项，由此引起的资本运动就是财货流入。收到银行借款，属于债权资本投入，不属于财货流入。购买原材料，原材料验收入库，属于财货形态转换，现金转换为原材料，也不属于财货流入。

7. 财货增值

财货增值是指财货的形态基本不变，财货的价值增加，并且增加的价值不是由其他财货价值转移过来的。

例如，企业持有的投资性房地产，在资产负债表日，该资产的公允价值高于其账面价值，则该投资性房地产发生了增值。又如，企业持有的交易性金融资产，在资产负债表日，因该资产的市场价格上升，导致其价值增值。

财货增值导致企业财货价值增加。

四、权益运动

权益运动，是指在增值过程中权益的运营。权益运动是除了资本投入、资本退出以外，在资本运营阶段权益发生的运动，这有别于资本投入阶段和资本退出阶段的资本运动。

权益运动只能改变所有权内部构成，不能改变权益总额。

权益运动包括如下几类。

1. 义务形成

义务形成是指在资本运营阶段形成的义务。

义务形成是在资本运营阶段新形成的义务，非资本投入形成的义务。在资本投入阶段，义务形成是源于所有者向企业投入了财货；在资本运营阶段形成的义务，不是缘于财货投入企业而形成，是缘于企业经营所形成的义务。比如，因造成环境污染而形成的缴纳罚款的义务、因获得了利润而产生的交纳所得税的义务。

2. 义务增值

义务增值是指在资本运营阶段义务价值的上升。在资本运营阶段，义务的形态保持不变，但其价值上升。

例如，企业发行的长期债券，因市场利率下降导致其价值上升，即形成了义务增值。

3. 义务灭失

义务灭失是指在资本运营阶段义务的消失。

义务灭失是债权资本退出以外的原因导致的义务消失，是在资本运营阶段企业义务的灭失。

例如，债权人自愿放弃了对企业的债权，企业不再需要偿还该负债，义务就消失了。又如，企业找不到债权人了，无法偿还负债，义务就名存实亡了。

4. 义务减值

义务减值是指在资本运营阶段义务价值的减少。在资本运营阶段，义务的形态保持不变，但其价值减少。

例如，企业发行的长期债券，在资产负债表日，因市场利率上升导致其价值下降，即形成了义务减值。

5. 所有者权益转换为负债

所有者权益转换为负债是指所有者权益中的某一部分权益，转换为一项负债。

例如，向所有者分配现金股利，就是将所有者权益中的未分配利润转化为负债“应付股利”。又如，企业减少注册资本，部分所有者权益转化为负债。

6. 负债转换为所有者权益

负债转换为所有者权益是指债权人将其持有的债权换成企业一定数量的股权。

例如，持有人将可转换债券转换为规定数量的股票。又如，企业作为债务人进行债务重组，将自身的债务转换为本公司的股票。

第二节 资本运动引起的资本变动

资本变动是资本运动引起的资本属性发生的变化。资本变动可以从资本形态变动、资本价值变动两个角度来描述。

资本价值变动可分为：①资本价值增加；②资本价值减少；③资本增值；④资本减值。

资本形态变动可分为：①财货形态变动；②权益形态变动；③财货形态和权益形态复合变动。

一、资本价值变动

（一）资本价值变动的定义

资本价值变动，是指资本运动引起的资本价值增加或者减少。财货价值增加，导致权益价值增加，进而导致资本价值增加；或者，财货价值减少，导致权益价值减少，进而导致资本价值减少。

例如，投资者将财货投入企业，财货增加，权益也增加，资本的价值增加了；企业偿还债务，现金减少，负债也减少，资本的价值减少了。

资本运动按照时间的顺序可分为三个阶段：资本投入阶段、资本运营阶段和资本退出阶段。

资本投入阶段，是增值过程的起点，将财货投入了增值过程，形成了资本，即资本投入引起了资本价值增加；

在资本运营阶段，对财货进行运用，目的是使得财货的价值增加，从而使得资本增加，资本价值也增加；

资本退出阶段，是增值过程的终点，财货退出增值过程，从而使得资本减少，资本的价值也减少了。

（二）资本增值、减值

资本投入阶段、资本退出阶段的资本价值变动，财货价值本身没有变化，只是从企业外部进入企业（资本投入），或者是从企业内部离开企业（资本退出），从而导致资本价值增加或减少，即财货投入、财货退出引起的资本价值增加或减少，财货本身的价值并没有变动。

资本运营阶段资本价值变动的性质完全不同于资本投入阶段、资本退出阶段的资本价值变动。在资本运营阶段，对财货运用导致财货本身价值变动，是在增值过程中新创造的价值或是在增值过程中被消耗的价值，由此导致的资本价值变动称为“资本增值”或“资本减值”。故，给出如下定义：

资本增值是指财货运动引起的资本价值增加。

资本减值是指财货运动引起的资本价值减少。

资本价值增加可以发生在两个阶段：资本投入阶段和资本运营阶段，在资本运营阶段发生的资本价值增加特别定义为资本增值。资本增值是资本运营过程所形成的新价值；资本投入导致的资本价值增加，不是新增的价值，而是外部流入的价值。两者在量上都表现为资本价值的增加，但在性质上却是截然不同的。

资本价值减少可以发生在两个阶段：资本退出阶段和资本运营阶段，在资本运营阶段发生的资本价值减少特别定义为资本减值。资本减值是资本运营过程所耗损的价值；而资本退出导致的资本价值减少，不是价值的损耗，而是退出了增值过程。两者在量上都表现为资本价值的减少，但在性质上却是截然不同的。

资本增值是财货运动引起的，财货运动导致财货价值增加，进而导致权益价值增加，进而导致资本价值增加；同样，资本减值也是由财货运动引起的，财货运动导致财货价值少，进而导致权益价值减少，进而导致资本价值减少。

在资本运营阶段，除了发生财货运动之外，还可能发生权益运动，权益运动只是改变各项权益的金额，不会改变权益的总金额，即权益运动不能导致资本价值变动，更不会导致资本增值、减值。可见，资本增值、减值只能是财货运动引起的。

资本价值变动与资本运动之间的关系概括在表 2-1 中。

表 2-1　资本运动与资本价值变动的对应关系

资本价值变动 资本运动	资本价值增加	资本价值减少	资本增值	资本减值
资本投入	√	×	×	×
资本退出	×	√	×	×
财货运动 A_1	√	×	√	×
财货运动 A_2	×	√	×	√
财货运动 A_3	×	×	×	×
权益运动	×	×	×	×

注：√表示资本运动引起该项资本价值变动；×表示资本运动不引起该项资本价值变动。

在表 2-1 中还将财货运动做了进一步的分类，分类的依据是按照其引起的资本价值变动，引起资本增值的作为 A_1 类、资本减值的为 A_2 类，未引起资本价值变动的为 A_3 类。

二、资本形态变动

资本形态变动，就是资本的二维属性的形态发生变动，包括财货形态变动和权益形态变动。

（一）财货形态变动

财货形态变动就是财货的形态发生了变化。例如：

企业用现金购买原材料，财货的形态由现金转换为原材料，财货由一种形态转换为另一种形态；

企业销售一批商品，同时收到现金，财货的形态由库存商品转换为现金，财货由一种形态转换为另一种形态；

企业收到了一笔现金，现金的总量增加，财货的总体形态发生变动，这也属于财货形态变动。

企业一批材料因长期保存不能继续使用，做报废处理，残值为零，从报废材料本身来看，由“有”变“无”，形态发生了变动，从财货总体角度来看，财货的总体形态发生了变动。

（二）权益形态变动

权益形态变动就是权益的形态发生了变化。例如：

企业宣告发放现金股利，未分配利润减少，负债增加，即所有者权益转换为负债。权益由一种形态转换为另一种形态；企业发放股票股利，股份的数量增加，权益的总体形态发生了变动。

（三）财货形态和权益形态复合变动

财货形态变动引起权益形态变动，两者形态变动不是独立的，而是存在着因果关系。例如：

所有者将设备投入企业，固定资产增加（资产的总量增加了，各类资产的构成比例发生了变化，故财货的形态发生了变化）；所有者权益也增加（权益的总量增加了，各类权益的构成比例也发生了变化，故权益的形态发生了变化）。

因果关系：固定资产减少（财货形态发生变化），导致资产价值减少，导致权益价值减少（权益形态发生变化）。

企业偿还到期的债务，现金减少，负债也减少。

（四）资本形态变动的集合描述

上述三类资本形态变动并不是严格的资本变动分类，因为三类并不是独立的，存在重合的部分。用 A 表示财货形态变动集合，B 表示权益形态变动集合，C 表示财货形态和权益形态复合变动集合。集合 A 与集合 B 有交集，就是集合 C，如图 2-2 所示。

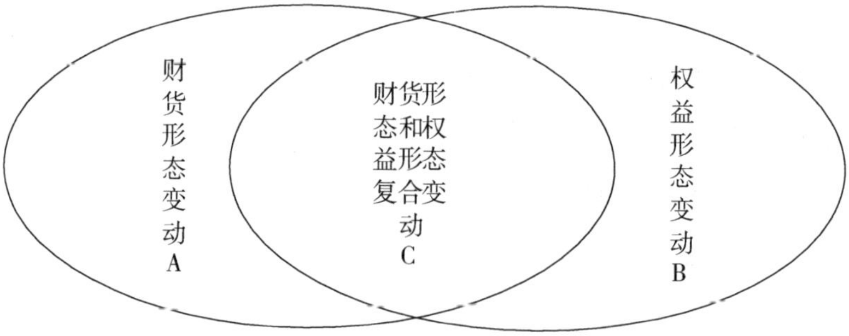

图 2-2 资本形态变动的集合表述

图 2-2 中左边的椭圆为集合 A，右边的椭圆为集合 B，两椭圆相交部分为集合 C=A∩B。因此，资本形态变动严格分为三部分 A-C、B-C、C，可分别称为

（1）纯财货形态变动，即只是财货形态变动，权益形态不变，用集合表示就是 A-C；

（2）纯权益形态变动，即只是权益形态变动，财货形态不变，用集合表示就是 B-C；

（3）财货形态和权益形态复合变动，即财货形态和权益形态同时变动，并且两者的变动存在因果关系，用集合表示就是 C=A∩B。

三、资本价值变动与资本形态变动的关系

（一）资本价值变动必然伴随着财货形态和权益形态复合变动

资本价值变动必然伴随着财货价值变动和权益价值变动，而财货价值变动必然导致财货形态变动（至少是财货总体结构变动），权益价值

变动必然导致权益形态变动（至少是权益总体结构变动）。因此，资本价值变动必然伴随着财货形态和权益形态复合变动。

例如，投资者将一台设备投入企业获得股权，导致固定资产增加和所有者权益增加，从而导致资本价值增加。固定资产增加，导致财货形态变动；所有者权益的价值增加，导致权益形态变动。这个过程中，资本的形态和价值同时发生变动，财货形态、权益形态和资本价值三者同时变动。

例如，企业现金销售业务，将库存商品转换为现金，财货形态发生变动；同时财货（总体）的价值增加，引起权益价值增加，资本价值增加，而且权益形态也发生变动。

企业用现金购买原材料，现金转化为等值的原材料，只是财货形态发生了变动，没有引起财货价值变动，从而就没有引起权益价值变动，也就没有引起资本价值变动。可见，企业用现金购买原材料只是财货形态变动。

企业宣告发放现金股利，所有者权益转化为负债，只是权益形态发生了变动，而权益的价值以及财货的价值没有变动。可见，企业宣告发放现金股利只是权益形态变动。

（二）财货形态和权益形态复合变动必然引起资本价值变动

引起资本变动的四类资本运动包括：资本投入业务、资本退出业务、财货运动业务、权益运动业务。我们就这四类资本运动进行分析。

资本投入：导致财货形态和权益形态复合变动，同时导致资本价值增加；

资本退出：导致财货形态和权益形态复合变动，同时导致资本价值减少；

财货运动：

（1）A_1类，财货价值增加，导致财货形态和权益形态复合变动，导致资本增值；

（2）A_2类，财货价值减少，导致财货形态和权益形态复合变动，但导致资本减值；

（3）A_3类，财货价值不变，只导致财货形态变动，资本的价值不变。

权益运动：只导致权益形态变动，不改变权益的价值，故不影响资本的价值，资本的价值保持不变。

综上所述，在各类资本运动中，如果发生了财货形态和权益形态复合变动，必然导致资本价值变动。

表2-2是在表2-1的基础上扩展到资本运动与资本价值变动、资本形态变动的对应关系。由表2-2可以看出，财货形态和权益形态复合变动，只能是由资本投入、资本退出、财货运动A_1和财货运动A_2引起，因此其必然对应着资本价值变动。而财货运动A_3仅仅引起财货形态变动，也就是纯财货形态变动；权益运动仅仅引起权益形态变动，也就是纯权益形态变动。这样就可以发现资本价值变动与资本形态变动的对应关系：

第一，资本价值变动必然伴随着财货形态和权益形态复合变动；

第二，财货形态和权益形态复合变动必然导致资本价值变动。

表 2-2 资本运动与资本价值变动、资本形态变动的对应关系

资本运动	价值变动				形态变动		
	资本价值增加	资本价值减少	资本增值	资本减值	财货形态变动	权益形态变动	财货形态和权益形态复合变动
资本投入	√	×	×	×	√	√	√
资本退出	×	√	×	×	√	√	√
财货运动 A_1	√	×	√	×	√	√	√
财货运动 A_2	×	√	×	√	√	√	√
财货运动 A_3	×	×	×	×	√	×	×
权益运动	×	×	×	×	×	√	×

注：√表示资本运动引起该项资本变动；×表示资本运动不引起该项资本变动。

四、资本变动的再分类

资本变动包括资本形态变动和资本价值变动。由于资本价值变动与资本形态和权益形态复合变动之间的内在对应关系，故资本变动可分为两大类：资本价值变动、资本纯形态变动。

1. 资本价值变动

资本价值变动，是指资本价值变动且财货形态和权益形态复合变动。

资本价值变动又可分为资本价值增加、资本价值减少、资本增值和资本减值，它们分别是由资本投入、资本退出、财货运动 A_1 和财货运动 A_2 引起。

2. 资本纯形态变动

资本纯形态变动，是指纯财货形态变动、纯权益形态变动，而资本

价值不变动。

纯财货形态变动是由财货运动 A_3 引起，纯权益形态变动是由权益运动引起。

五、资本运动的总构成

资本运动导致资本变动，进而导致资本的二维属性变动。资本运动是引起资本变动的原因，资本变动是资本运动的结果。图 2-3 给出了资本运动的总构成。

<table>
<tr><td rowspan="2">财货进入增值过程，导致权益价值增加、导致资本价值增加D1</td><td rowspan="2">财货形态转换A-D：财货形态变动，但资本价值不变</td><td>资本增值D3：在增值过程中，财货价值上升，导致资本价值增加</td><td rowspan="2">权益形态转换B-D：权益形态变动，但资本价值不变</td><td rowspan="2">财货退出增值过程，导致权益价值减少、导致资本价值减少D2</td></tr>
<tr><td>资本减值D4：在增值过程中，财货价值减少，导致资本价值减少</td></tr>
<tr><td>资本投入阶段</td><td colspan="3">资本增值阶段</td><td>资本退出阶段</td></tr>
</table>

图 2-3　资本运动的总构成

第三节　资本运动引起的所有者权益变动

资本运动导致资本变动，也将导致所有者权益变动，包括所有者权益的形态变动和价值变动。所有者权益价值变动包括：所有者权益价值增加、所有者权益价值减少、所有者权益增值、所有者权益减值。

所有者权益增值，是指反映所有者的经济利益增加的所有者权益价值增加。

所有者权益减值，是指反映所有者的经济利益减少的所有者权益价值减少。

所有者将财货投入企业，所有者权益价值增加，但其经济利益没有变化，其经济利益由原来的财货所有权转换为所有者权益，价值没有变化，故没有产生所有者权益增值；向所有者分配现金股利，所有者权益的价值减少，所有者的经济利益没有变化，只是由所有者权益转化为负债，故没有产生所有者权益减值。

财货运动导致财货价值减少，导致权益价值减少，导致所有者权益价值减少，这对应着所有者的经济利益减少，故此处的所有者权益价值减少属于所有者权益减值。

一、资本投入引起的所有者权益变动

（一）债权资本投入引起的所有者权益变动

债权资本投入就是债权人将财货投入企业并获得债权。通常情况下，债权人获得的债权价值等于其投入的财货价值，我们称其为等价投入；在特殊情况下，债权人获得的债权价值可能高于投入企业财货的价值，我们称其为溢价投入，负债价值与财货价值的差额称为溢价；在另外的特殊情况下，债权人获得的债权价值可能低于投入财货的价值，我们称其为折价投入，称该差额为折价。以下区别各种情况讨论债权资本投入引起的所有者权益变动。

1. 债权资本溢价投入

财货投入企业导致权益增加，并且：

权益增加额=投入的财货价值

由于所有者权益为剩余权益，债权资本溢价投入后所有者权益的变动额为：

权益增加额-负债增加额=投入的财货价值-负债增加额=-溢价金额<0

负号表示所有者权益减值，减值的金额等于溢价金额。

由此可见，债权资本溢价投入，将导致所有者权益减值，减值金额为溢价金额。

例如，某债权人将100万元的财货投入企业，获得债权的价值为120万元，溢价金额为20万元，这20万元为债权资本溢价投入导致的所有者权益减值。其道理在于，超过债权人投入的财货价值而赋予债权人的权利造成的损失由所有者来承担，这是由所有者权益为剩余索取权的特性所决定的。

2. 债权资本折价投入

债权资本折价投入后所有者权益的变动额为：

权益增加额-负债增加额=投入的财货价值-负债增加额=折价金额>0

正号表示所有者权益增值，折价金额为增值的金额。

由此可见，债权资本折价投入，将导致所有者权益增值，增值金额为折价金额。

例如，某债权人将100万元的财货投入企业，获得债权的价值为90万元，折价金额为10万元，这10万元为债权资本折价投入导致的所有者权益增值。即低于债权人投入的财货价值而赋予债权人的权利形成的利得由所有者享有，这也是由所有者权益为剩余索取权的特性所决定的。

3. 债权资本等价投入

债权资本等价投入后所有者权益的变动额为：

权益增加额-负债增加额=投入的财货价值-负债增加额=0

即债权人得到的权益恰好等于其投入企业的财货的价值，没有引起所有者权益任何变化，故不产生所有者权益增值或减值。

例如，某债权人将100万元的财货投入企业，获得债权的价值也为100万元，权益增加额等于负债增加额等于100万元，所有者权益没有变化，没有产生所有者权益增值或减值。

综上所述，债权资本溢价投入导致所有者权益减值，减值=溢价；债权资本折价投入导致所有者权益增值，增值=折价；债权资本等价投入，所有者权益不发生增值或减值。

（二）股权资本投入引起的所有者权益变动

股权资本投入就是股东将财货投入企业并获得股权。通常情况下，股东获得的股权价值等于其投入的财货价值，我们称其为等价投入；在特殊情况下，股东获得的股权价值可能高于投入企业财货的价值，我们称其为溢价投入，股权价值与财货价值的差额称为溢价；在另外的特殊情况下，股东获得的股权价值可能低于投入财货的价值，我们称其为折价投入，称该差额为折价。以下区别各种情况讨论股权资本投入引起的所有者权益变动。

1. 股权资本溢价投入

财货投入企业导致权益增加，并且：

权益增加额=投入的财货价值

新股东获得的所有者权益价值-投入的财货价值=溢价金额

由于所有者权益为剩余权益，股权资本溢价投入后老股东的所有者权益的变动额为：

权益增加额-新股东获得的所有者权益价值=投入的财货价值-新股东获得的所有者权益价值=-溢价金额

由此可见，新股东获得的溢价金额恰好是老股东的所有者权益减少的金额。股权资本溢价投入，所有者权益总体未发生增值、减值，但是，老股东向新股东转移了经济利益，溢价金额为转移的经济利益。

例如，企业目前的股份数为100亿股，所有者权益价值为220亿元，拟增发新股20亿股，发行价格为1元。发行后每股价值为（220+20）/120=2元/股，新股东获得的股权价值为2×20=40亿元，投入的财货价值为1×20=20亿元，溢价金额=40-20=20亿元。

发行后老股东的所有者权益价值=2×100=200亿元，减少的金额=220-200=20亿元。

本例中，股权资本溢价投入，导致老股东的经济利益向新股东转移了20亿元，20亿元为溢价金额。所有者权益本身未发生增值或减值。

2. 股权资本折价投入

财货投入企业导致权益增加，并且：

权益增加额=投入的财货价值

新股东获得的所有者权益价值-投入的财货价值=-折价金额<0

股权资本折价投入后老股东的所有者权益的变动额为：

权益增加额-新股东获得的所有者权益价值=投入的财货价值-新股东获得的所有者权益价值=折价金额>0

新股东损失的折价金额增加了老股东的所有者权益。新股东损失的折价金额恰好是老股东的所有者权益增加的金额。由此可见，股权资本折价投入，所有者权益总体未发生增值或减值，只是新股东向老股东转移了经济利益，折价金额为转移的经济利益。

例如，企业目前的股份数为 100 亿股，所有者权益价值为 220 亿元，拟增发新股 20 亿股，发行价格为 2.5 元/股。发行后每股价值为（220+2.5×20）/120=2.25 元/股，新股东获得的股权价值为 2.25×20=45 亿元，投入的财货价值为 2.5×20=50 亿元，折价金额=45-50=-5 亿元。

发行后老股东的所有者权益价值=2.25×100=225 亿元，增加的金额=225-220=5 亿元。

本例中，股权资本折价投入，导致老股东的经济利益增加了 5 亿元，5 亿元为折价金额。所有者权益本身未发生增值或减值。

3. 股权资本等价投入

股权资本折价投入，所有者权益不发生增值或减值，新股东与股东之间也不发生经济利益的转移。

例如，企业目前的股份数为 100 亿股，所有者权益价值为 220 亿元，拟增发新股 20 亿股，发行价格为 2.2 元/股。

新股东获得的股权价值为 2.2×20=40 亿元，投入的财货价值为 2.2×20=50 亿元，为等价投入。发行后老股东的所有者权益价值仍然为 220 亿元，没有发生变化。

综上所述，股权资本溢价投入导致老股东的所有者权益减少，减少的金额=溢价；股权资本折价投入导致老股东的所有者权益增加，增加的金额=折价；股权资本等价投入，老股东的所有者权益不发生变动。股权资本投入，所有者权益本身不发生增值或减值，但可能导致新老股东之间的经济利益转移。

二、资本退出引起的所有者权益变动

（一）债权资本退出引起的所有者权益变动

债权资本退出就是企业向债权人交付财货，偿付负债的义务。通常情况下，企业交付的财货的价值等于负债的价值，我们称其为等价退出；在特殊情况下，企业交付的财货的价值可能高于负债的价值，我们称其为溢价退出，财货价值与负债价值的差额称为溢价；在另外的特殊情况下，企业交付的财货价值低于负债的价值，我们称其为折价退出，称该差额为折价。以下区别各种情况讨论债权资本退出引起的所有者权益变动。

1. 债权资本溢价退出

财货退出企业导致权益减少，并且：

权益减少额=退出的财货价值

由于所有者权益为剩余权益，债权资本溢价退出后所有者权益的变动额为：

负债减少额-权益减少额=负债减少额-退出的财货价值=-溢价金额<0

负号表示所有者权益减值，溢价金额为减值的金额。

由此可见，债权资本溢价退出，将导致所有者权益减值，减值金额为溢价金额。

例如，企业将价值 120 万元的财货交付债权人，以偿付价值为 100 万元的债务，溢价金额为 20 万元。这 20 万元为债权资本溢价退出导致的所有者权益减值。其道理在于，交付的财货价值超过负债价值而造成的损失由所有者来承担，这是由所有者权益为剩余索取权的特性所决定的。

2. 债权资本折价退出

债权资本折价退出后所有者权益的变动额为：

负债减少额-权益减少额=负债减少额-退出的财货价值=折价金额>0

正号表示所有者权益增值，折价金额为增值的金额。

由此可见，债权资本折价退出，将导致所有者权益增值，增值金额为折价金额。

例如，企业将价值 90 万元的财货交付债权人，以偿付价值为 100 万元的债务，折价金额为 10 万元。这 10 万元为债权资本折价退出导致的所有者权益增值。其道理在于，交付的财货价值低于负债价值而形成的利得由所有者享有，这也是由所有者权益为剩余索取权的特性所决定的。

3. 债权资本等价退出

债权资本等价退出后所有者权益的变动额为：

负债减少额-权益减少额=负债减少额-退出的财货价值=0

即企业付给债权人的财货价值恰好等于负债的价值，没有引起所有者权益任何变化，故不产生所有者权益增值或减值。

例如，企业将价值 100 万元的财货交付债权人，以偿付价值为 100 万元的债务。所有者权益不发生变动。

综上所述，债权资本溢价退出导致所有者权益减值，减值=溢价；债权资本折价退出导致所有者权益增值，增值=折价；债权资本等价退出，所有者权益不发生增值或减值。

（二）股权资本退出引起的所有者权益变动

股权资本退出就是企业向股东交付财货，以减少股本，比如通过回购并注销股票以此减少注册资本。通常情况下，企业交付的财货的价值等于退出的股权价值，我们称其为等价退出；在特殊情况下，企业交付的财货的价值可能高于退出股权的价值，我们称其为溢价退出，财货价值与退出股权价值的差额称为溢价；在另外的特殊情况下，企业交付的财货价值低于退出股权的价值，我们称其为折价退出，称该差额为折价。以下区别各种情况讨论股权资本退出引起的所有者权益变动。

1. 股权资本溢价退出

财货退出企业导致权益减少，并且：

权益减少额=退出的财货价值

由于所有者权益为剩余权益，股权资本溢价退出后所有者权益的变动额为：

退出股本价值-权益减少额=退出股本价值-退出的财货价值=-溢价金额<0

负号表示所有者权益减值，溢价金额为减值的金额。

由此可见，股权资本溢价退出，将导致所有者权益减值，减值金额为溢价金额。

例如，公司由三个股东组成，各占1/3的股权，所有者权益的价值为450万元。现其中一个股东退出公司，如果拟定的退出款项为160万元，与退出股权的价值150万元的差额为10万元，即股权资本退出溢价为10万元。在位股东的所有者权益退出发生前为300万元，退出发生后为450-160=290万元，前后比较减少了10万元，即股权资本溢价退出导致所有者权益减值10万元，与溢价相等。退出股东的10万元利得，则成为在位股东的损失。

2. 股权资本折价退出

股权资本折价退出后所有者权益的变动额为：

退出股本价值-权益减少额=退出股本价值-退出的财货价值=折价金额>0

正号表示所有者权益增值，折价金额为增值的金额。

由此可见，股权资本折价退出，将导致所有者权益增值，增值金额为折价金额。

例如，公司由三个股东组成，各占 1/3 的股权，所有者权益的价值为 450 万元。现其中一个股东退出公司，如果拟定的退出款项为 130 万元，与退出股权的价值 150 万元的差额为 20 万元，即股权资本退出折价为 20 万元。在位股东的所有者权益，在退出发生前为 300 万元，在退出发生后为 450-130=320 万元，前后比较增加了 20 万元，即股权资本折价退出导致所有者权益增值 20 万元，与折价相等。退出股东的 20 万元损失，则成为在位股东的利得。

3. 股权资本等价退出

股权资本等价退出后所有者权益的变动额为：

退出股本价值-权益减少额=退出股本价值-退出的财货价值=0

即企业付给退出股东的财货价值恰好等于退出股本的价值，没有引起所有者权益任何变化，故不产生所有者权益增值或减值。

例如，公司由三个股东组成，各占 1/3 的股权，所有者权益的价值为 450 万元。现其中一个股东退出公司，如果拟定的退出款项为 150 万元，与退出股权的价值相等。在位股东的所有者权益，在退出发生前后均为 300 万元，即所有者权益未发生增值或减值。

综上所述，股权资本溢价退出导致所有者权益减值，减值=溢价；股权资本折价退出导致所有者权益增值，增值=折价；股权资本等价退出，所有者权益不发生增值或减值。

三、财货运动引起的所有者权益变动

前面已经列举了财货运动的七种具体形式，按照其引起的资本价值变动又可分为三类：引起资本增值的为 A_1类、资本减值的为 A_2类、未引起资本价值变动的为 A_3类。

所有者权益为剩余权益，因此，财货运动引起的权益增值和减值不改变负债的价值，改变所有者权益的价值。

A_1类财货运动，引起财货增值，从而引起权益增值，从而引起所有者权益等额增值；

A_2类财货运动，引起财货减值，从而引起权益减值，从而引起所有者权益等额减值；

A_3类财货运动，只是财货形态变动，不改变财货的价值，从而不改变权益的价值，也不改变所有者权益的价值。

四、权益运动引起的所有者权益变动

（一）义务形成、义务增值引起的所有者权益变动

义务形成是权益运动中的义务增加，非资本投入导致的义务增加，故义务形成并没有相关的财货增加，故权益未发生变化。由于所有者权益为剩余权益，义务增加必然导致所有者权益减少，因此，义务形成导致负债价值增加，进而导致所有者权益减值。

在权益运动之中的义务增值，导致负债价值增加，但不改变权益总额，因此，义务增值导致所有者权益减值。

（二）义务灭失、义务减值引起的所有者权益变动

义务灭失是权益运动中的义务减少，非资本退出导致的义务减少，

故义务灭失并没有相关的财货减少，故权益未发生变化。义务灭失导致义务的形态不复存在，也导致其价值归零，负债价值减少，因权益总额未发生变化，从而义务灭失导致所有者权益增值。

在权益运动之中义务减值，导致负债价值减少，但不改变权益总额，因此，义务减值导致所有者权益增值。

（三）所有者权益转换为负债引起的所有者权益变动

所有者权益转换为负债将导致所有者权益减少，负债增加。所有者权益转换为负债，被转换的所有者权益的价值和转换形成的负债的价值存在三种可能情况。

（1）溢价转换：所有者权益溢价转换为负债，即转换形成的负债的价值大于被转换的所有者权益的价值，其差额为溢价；

（2）折价转换：所有者权益折价转换为负债，即转换形成的负债的价值小于被转换的所有者权益的价值，其差额为折价；

（3）等价转换：所有者权益等价转换为负债，即转换形成的负债的价值等于被转换的所有者权益的价值。

所有者权益转换为负债，仅仅是权益内部的资本运动，不改变权益总额，因此：

转换后在位股东的所有者权益

=转换前所有者权益-转换形成的负债

=在位股东转换前的所有者权益+被转换的所有者权益-转换形成的负债

=在位股东转换前的所有者权益-（转换形成的负债-被转换的所有者权益）

进而可以导出所有者权益转换为负债导致的所有者权益增值（减

值）的计算公式，如下：

转换引起的所有者权益增值（减值）

= 转换后在位股东的所有者权益-转换前在位股东的所有者权益

=-（转换形成的负债-被转换的所有者权益）

由此可以得到：

（1）溢价转换：导致所有者权益减值，而溢价为所有者权益减值；

（2）折价转换：导致所有者权益增值，而折价为所有者权益增值；

（3）等价转换：所有者权益未发生增值或减值。

例如，公司由三个股东组成，各占 1/3 的股份，所有者权益的价值为 450 万元。现其中一个股东退出公司，由股东转换为债权人，其股权转换为公司的负债。

如果转换形成的负债价值为 160 万元，与被转换的股权的价值 150 万元的差额为 10 万元，即所有者权益转换为负债的溢价为 10 万元。在位股东的所有者权益退出发生前为 300 万元，退出发生后为 450－160＝290 万元，前后比较减少了 10 万元，即股权资本溢价退出导致所有者权益减值 10 万元，与溢价相等。在位股东损失的 10 万元，成为退出股东的利得。

如果转换形成的负债价值为 120 万元，与被转换的股权的价值 150 万元的差额为 30 万元，即所有者权益转换为负债的折价为 30 万元。在位股东的所有者权益退出发生前为 300 万元，退出发生后为 450－120＝330 万元，前后比较增加了 30 万元，即股权资本折价退出导致所有者权益增值 30 万元，与折价相等。在位股东的利得 30 万元，成为退出股东的损失。

如果转换形成的负债为 150 万元，与退出股权的价值相等，则所有者权益未发生增值或减值。在这种情况下，股权转换为负债后，所有者权益为 300 万元，权益总额为 300+150=450 万元，保持不变。退出的股东的 150 万元的股权转换为价值 150 万元的债权，退出的股东未获得额外的好处也未承担额外的损失，在位股东自然也就没有利得或损失，即未发生所有者权益增值或减值。

公司宣告发放现金股利，则所有者权益中的未分配利润转换为负债“应付股利”，转换形成的负债价值显然等于被转换的所有者权益的价值，故宣告发放现金股利不导致所有者权益增值或减值。

（四）负债转换为所有者权益引起的所有者权益变动

负债转换为所有者权益所减少负债的价值和转换形成的所有者权益的价值存在可能的三种情况。

（1）溢价转换：转换形成的所有者权益的价值大于被转换的负债的价值，其差额为溢价；

（2）折价转换：转换形成的所有者权益的价值小于被转换的负债的价值，其差额为折价；

（3）等价转换：转换形成的所有者权益的价值等于被转换的负债的价值。

负债转换为所有者权益，仅仅是权益内部的资本运动，不改变权益总额，转换前后权益总额是相等的，转换减少的负债价值等于转换增加的所有者权益价值，因此：

转换后的所有者权益价值

=转换前的所有者权益价值+被转换的负债的价值

=转换前的所有者权益价值-（转换形成的所有者权益价值-被转换的负债价值）+转换形成的所有者权益价值

其中：“转换形成的所有者权益价值-被转换的负债的价值”的绝

对值为溢价或折价，转换形成的所有者权益价值是既定的，因此，溢价或折价就必然由老股东来承担或获得。因此：

转换后老股东的所有者权益价值

=转换前的老股东的所有者权益价值-（转换形成的所有者权益价值-被转换的负债的价值）

由此可以得到：

（1）溢价转换：导致老股东所有者权益减少，而溢价为减少金额；

（2）折价转换：导致老股东所有者权益增加，而折价为增加金额；

（3）等价转换：老股东的所有者权益未发生增值或减值。

由此可见，新股东（原债权人）获得的溢价金额恰好是老股东的所有者权益减少的金额。负债溢价转换为所有者权益，所有者权益总体未发生增值、减值，但是，老股东向新股东转移了经济利益，溢价金额为转移的经济利益；新股东（原债权人）损失的折价金额恰好是老股东的所有者权益增加的金额。负债折价转换为所有者权益，所有者权益总体未发生增值、减值，但是，新股东向老股东转移了经济利益，折价金额为转移的经济利益。

例如，企业有两项负债，其中负债 A 溢价转换为所有者权益，负债 A 的价值为 100 万元，转换为 120 万元的所有者权益，有关资料见表 2-3。

负债 A 转换为所有者权益，改变的是各项权益的构成，并不改变权益总额。负债 A 转换为所有者权益，减少负债 100 万元，增加所有者权益 120 万元，其中的 20 万元差额为溢价，这溢价必须且只能减少所有者权益，而且必须且只能减少老股东的所有者权益。具体见表 2-3 的“溢价转换”之列。进而可计算出转换后老股东所有者权益价值为 580-20 =560 万元。转换后各项权益的金额见“转换后价值”之列。可见，溢价为老股东所有者权益的减值金额，整个所有者权益未发生增值或减值。

表 2-3 负债溢价转换为所有者权益引起的所有者权益变动

权益	转换前价值（万元）	溢价转换（万元）	转换后价值（万元）
负债 A	100	-100	0
负债 B	200		200
所有者权益：			
转换形成的溢价		-20	
转换形成的所有者权益		120	120
老股东的所有者权益	580		560
合计	880	0	880

续前例，如果负债 A 折价转换为所有者权益，转换为 70 万元的所有者权益，有关计算见表 2-4。

表 2-4 负债折价转换为所有者权益引起的所有者权益变动

权益	转换前价值（万元）	折价转换（万元）	转换后价值（万元）
负债 A	100	-100	0
负债 B	200		200
所有者权益：			
转换形成的折价		30	
转换形成的所有者权益		70	70
老股东的所有者权益	580		610
合计	880	0	880

负债 A 转换为所有者权益，减少负债 100 万元，增加所有者权益 70 万元，其中的 30 万元差额为折价，这折价必然增加所有者权益，而且必须且只能增加老股东的所有者权益。具体见表 2-4 的“折价转换”之列。进而可计算出转换后老股东所有者权益价值为 580+30=610 万

元。转换后各项权益的金额见“转换后价值”之列。可见，折价为老股东的所有者权益的增值金额，整个所有者权益未发生增值或减值。

(五) 所有者权益的内部转换

所有者权益内部的各个项目之间可能发生转换，这种转换不会改变所有者权益的价值，只是所有者权益的形态转换。

例如，资本公积转增股本，只是资本公积减少，股本增加，所有者权益的价值不变；盈余公积转增股本，只是盈余公积减少，股本增加，所有者权益价值不变；盈余公积弥补亏损，只是盈余公积减少，未分配利润增加，所有者权益价值不变。

五、资本运动引起的所有者权益增值、减值

综上所述，将资本运动引起的所有者权益增值、减值概括为表 2-5 和表 2-6。

表 2-5　资本运动引起的所有者权益增值、减值（之一）

资本运动	溢价	折价	等价
资本投入： 债权资本投入	-溢价为股东转移给债权人的经济利益	+折价为债权人转移给股东的经济利益	0
资本投入： 股权资本投入	0 溢价为老股东转移给新股东的经济利益；股东整体的经济利益没有增减	0 折价为新股东转移给老股东的经济利益；股东整体的经济利益没有增减	0
资本退出： 债权资本退出	-溢价为股东转移给债权人的经济利益	+折价为债权人转移给股东的经济利益	0
资本退出： 股权资本退出	-溢价为在位股东转移给退出股东的经济利益；溢价为减值，为在位股东的所有者权益减值	+折价为退出股东转移给在位股东的经济利益；折价为增值，为在位股东的所有者权益增值	0

续表

资本运动	溢价	折价	等价
权益运动：所有者权益转换为负债	-溢价为在位股东转移给退出股东的经济利益；溢价为减值，为在位股东的所有者权益减值	+折价为退出股东转移给在位股东的经济利益；折价为增值，为在位股东的所有者权益增值	0
权益运动：负债转换为所有者权益	0 溢价为老股东转移给新股东的经济利益；股东整体的经济利益没有增减	0 折价为新股东转移给老股东的经济利益；股东整体的经济利益没有增减	0

表 2-5 是与溢价、折价有关的所有者权益增值、减值。尽管等价交换是市场经济的基本规律，但等价交换只有在均衡状态时才会发生，偏离均衡状态的不等价交换才是常态。另外，价值是无法观测的，能够看到的只是价格，价格是否等于价值是无法判断的。因此，如果没有充分的证据证实溢价或折价发生，通常情况下接受交易是等价交换的假设。

表 2-6 资本运动引起的所有者权益增值、减值（之二）

	价值增加	价值减少	价值不变
财货运动	+ A_3 类财货运动，引起财货增值，从而引起所有者权益等额增值	- A_3 类财货运动，引起财货减值，从而引起所有者权益等额减值	0 A_3 类财货运动，财货的价值不变，从而不改变所有者权益的价值
权益运动：义务价值变动	- 义务形成、义务增值引起的所有者权益减值	+ 义务灭失、义务减值引起的所有者权益增值	—

表 2-6 列举的是引起所有者权益增值、减值的更为经常的资本运动：财货运动和权益运动之中的义务运动。财货运动引起财货的价值变动或者义务运动引起义务的价值变动，进而导致所有者权益的增值或减值。

第三章

会计对象

本章首先探讨了会计对象问题，明确了会计对象问题就是要解决会计信息系统的投入是什么、会计信息系统的产出是什么这两个会计的基本问题，并对相关会计对象理论及相关制度进行了分析，构建了基于资本二维属性理论的会计对象理论——资本运动论。会计对象就是企业的资本及资本运动。会计投入对象是企业发生的经济业务及其引起的资本运动，会计产出对象是资本运动引起的资本变动，会计要素和会计报表则是反映资本及资本变动的。

第一节　会计对象问题

会计对象是会计行为的客体，是会计工作的内容，是会计确认、计量和报告的对象。会计对象，是会计基本理论问题之一，同时也是每个会计工作者所面对的、需要解决的第一位问题。① 在我国，会计对象曾经在很长一段时期内是会计界讨论的热点问题之一，但至今仍未能达成

① 赵士信．会计对象之探讨［J］．会计研究，1995（7）：14-18.

一致的认识。有人认为“会计对象是指应由会计来核算和监督的客观事物”①；有人认为“会计对象是指会计所反映和监督的客体”②；还有人认为：“企业经营资金运动是会计予以反映和控制的对象，即人们通常所说的会计对象。”③“会计对象是一个会计主体经济活动中的资金运动”④，这是比较有代表性的观点。

每一门学科的产生与发展，从其内部逻辑这一条件来说，最主要的就是应有其特定的研究对象。科学的发展史一再表明，任何一门科学都是在逐渐明确自己的研究对象、任务、方法后才建立起来的；对象、任务、方法构成了该门学科的基本框架。正因为这样，会计对象问题历来被中国会计学界所重视，并被视为首要的会计基本理论之一。⑤易庭源认为，“会计对象是会计理论研究的起点。”⑥“研究会计对象问题，绝对不是‘空洞无物’和可有可无的东西，理论归根到底是要对实践起作用的。”⑦

既然会计对象在会计理论中具有基础性作用和对实践的指导作用，那么为什么我国会计理论界至今还没有达成对会计对象的一致认识？会计对象问题在我国是一个持续了半个多世纪的理论热点问题，在西方会

---

① 余秉坚．中国会计百科全书［M］．沈阳：辽宁人民出版社，1999：265.

② 赵林如．市场经济学大辞典［M］．北京：经济科学出版社，1999：356，32.

③ 魏明海，龚凯颂．会计理论［M］．大连：东北财经大学出版社，2001：13，84，84.

④ 第一种观点和第二种观点，作为会计对象的定义是不完整的，我们不禁要问：会计核算和监督的事物是什么？会计所反映和监督的客体是什么？第三种观点则是完整的，会计予以反映和控制的对象是企业经营资金运动。

⑤ 吴水澎．会计理论与方法研究（续）［M］．广州：暨南大学出版社，2008：111-127.

⑥ 易庭源．会计对象是会计理论研究的起点［J］．广西会计，1999（6）：13-15.

⑦ 吴水澎．会计理论与方法研究（续）［M］．广州：暨南大学出版社，2008：111-127.

计理论中却鲜有提及①，这是否意味着会计对象理论是一个无实际价值的论题？

研究会计对象，首先要明确问题本身，就是研究“会计对象”要解决什么问题？本章将从会计信息系统的角度来明确会计对象问题。

一、会计信息系统的构成

会计系统主要包括这样几个子系统：①以复式簿记为主的记录系统，其主要任务是接收外部环境输入的数据，并按一定的规则对其进行分类、加工；②以财务报表为核心的报告系统，其主要作用是向系统外部提供加工、处理的结果，即信息；③指导、规范复式簿记系统和财务报告系统具体运行的会计准则；④作为复式簿记、财务报告及会计准则的基础的会计理论。会计系统结构如图 3-1 所示（葛家澍、刘峰，1998）。

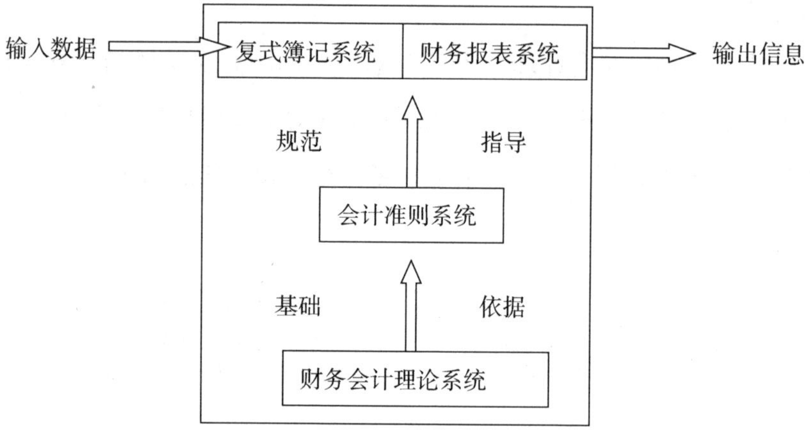

图 3-1　会计系统结构

① “纵观几千年的会计发展史，人们很少专门谈论会计对象问题。特别是西方的一些会计学家，在他们的著作中，一般都不从正面谈论会计对象问题。对于会计对象问题进行专门的研究，起始于本世纪初，其研究人员的地域范围也仅限于解体前的苏联和我国。”（赵士信，1995）

这四个子系统之间的关系是：会计理论是基础，没有这一系列的理论，方法与准则的运行将带有一定的盲目和缺陷；复式簿记系统和财务报告系统是方法与应用，没有它们，会计目标就无法实现；会计准则是中介和桥梁，它以会计理论为基础，对复式簿记和财务报告都有直接的指导、规范作用。①

会计信息系统，就是从企业内部和外部收集各种有关数据、资料，经过分析处理，及时将其变成准确有用的会计信息，以供管理当局及其他相关团体进行预测、控制和决策使用。会计是一种旨在传达一个企业重大财务和其他经济信息，以便其使用者据以做出明智判断和决策的经济信息系统。

会计信息系统的结构如图 3-2 所示，其核心是会计处理系统，该系统将经济业务的原始信息转化为会计信息；契约系统既决定经济业务的发生，也影响企业决策系统、分配系统和控制系统；会计目标影响会计准则，而会计准则又决定了会计处理系统对原始信息的加工方式。②

二、基于会计信息系统的会计对象问题

由图 3-2 可见，“会计处理系统”是会计信息系统的核心，与会计处理系统相关联的是输入的“原始信息”和产出的“会计信息”。由图 3-1 可见，复式簿记系统和财务报表系统需要“输入数据”，方能“输出信息”。

---

① 葛家澍，刘峰．会计大典（第一卷）：会计理论［M］. 北京：中国财政经济出版社，1998：313-314.

② 刘玉勋，等．会计学原理［M］. 北京：机械工业出版社，2004：1-2.

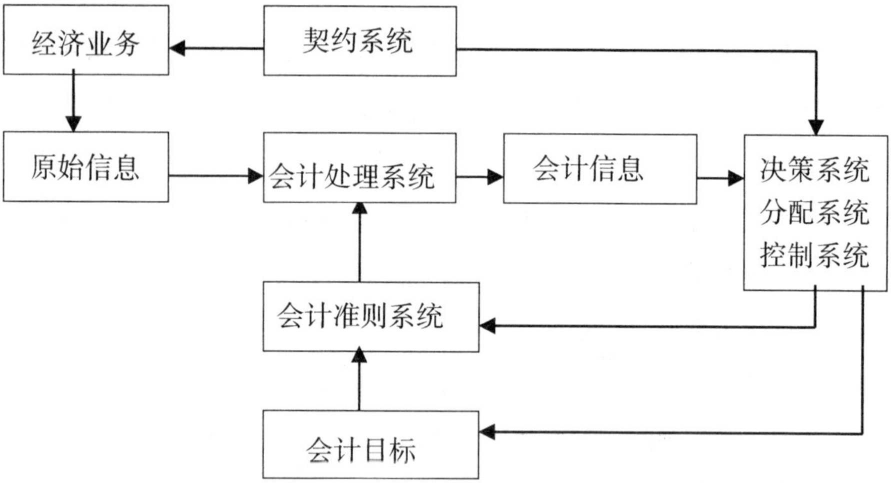

图 3-2 会计信息系统的结构

"会计信息""输出信息"是会计信息系统的产出，它们应当具有什么性质？或者说它们反映的是什么？这就是会计产出对象问题。

"原始信息""输入数据"是会计信息系统的投入，它们具有什么性质？这是会计投入对象问题。

会计作为一个人造的信息系统，其主要功能是提供会计信息。基于会计信息系统的角度，笔者将会计对象问题限定为如下两个具体的问题。

第一，会计信息系统的投入是什么？即会计信息系统从什么（标记为 X）提取信息，进行会计处理，产生会计信息？

第二，会计信息系统的产出是什么？即会计信息系统产生的信息的经济性质是什么（标记为 Y）？

这里我们将会计对象明确区分为两个：会计投入对象和会计产出对象。会计对象问题就区分为两个问题：会计投入对象问题和会计产出对象问题。

会计投入对象问题就是要回答“会计信息的投入是什么”，“会计信息系统的投入的经济性质”是什么；会计产出对象就是要回答“会计信息系统产出的信息的经济性质”是什么。

第二节 资金运动论评述

有关会计对象理论，资金运动论是最为流行，也是最为完善的。本书正是在资金运动论的基础上提出资本运动论，尽管两种理论只有一字之差，但是我们所提出的资本运动论中的资本是具有二维属性的，资本运动论的落脚点是资本二维属性的变动。而资金运动论的根本缺陷在于资金的落脚点仅为财货属性。为此，首先对资金运动论做一简要评述。

一、资金运动论的提出

我国会计对象的研究始于20世纪50年代，我国进行私有制社会主义改造，学习苏联的经验，实行高度集中的计划产品经济，国民经济主体一元化，在这种经济体制下，会计观念、程序、方法全面借鉴苏联模式，马卡洛夫的《会计核算原理》和阿发那西也夫的《资产负债表结构原理》几乎成了我国高等会计教科书。我国会计学者全部接受了马卡洛夫的观点：“苏维埃会计核算的对象是在各企业和各组织的范围内，以货币表现的方式来反映和包括有计划的社会主义扩大再生产过程和社会主义财产。”“苏维埃会计核算的对象就是社会主义扩大再生产过程中的资金循环。”① 20世纪50年代中期以后，中国的会计学者在分

① 王开田．现代会计对象的再认识［J］．会计研究，1997（3）：41-43.

析苏联学者意见的基础上，逐步提出了自己的看法。到了20世纪60年代初，有学者明确提出“社会主义会计的对象应当是社会主义再生产过程中的资金运动”。① 这是当时一种最为流行的观点。以后，虽然对“会计对象是资金运动”的这种提法有新的解释和补充，提法也不尽相同，但基本观点仍然是不变的。②

二、资金

如果不能正确理解“资金”，也就不能正确理解资金运动论，也就不能理解资金运动作为会计对象的局限性，也就无法找出正确的改进方向。

“资金是传统社会主义经济学中的一个基本范畴。其内涵是：①资金就是钱，亦即货币；②资金是物的货币表现；③资金是由投资者投入企业，能够保障企业运行和担保企业偿还债务的财产。资金的具体形态可以是货币，也可以是实物、无形资产等。在传统经济体制中，资金范畴和资本范畴相对立，强调的一是生产条件，而不是追求价值增值；二是平等劳动关系，而不是剥削关系。因此，尽管二者的内涵都是生产要素，却是两个根本不同的范畴。”③

可见资金运动论中的“资金”是与西方经济学的“资本”相对应的范畴，资本体现了资本主义的生产关系，而资金则体现了社会主义生产关系。因此，资金与资本又是平行的范畴，资金是存在于社会主义生产关系的资本，而资本则是存在于资本主义生产关系的资金。资金与西

① 杨纪琬，等．会计学原理［M］．北京：中国财政经济出版社，1963：17.

② 吴水澎．会计理论与方法研究（续）［M］．广州：暨南大学出版社，2008：111-127.

③ 赵林如．市场经济学大辞典［M］．北京：经济科学出版社，1999：356，32.

方经济学的资本落脚点都是“财货”，即资本的财货属性。我们已经认识到资本具有二维属性，第一个维度是投入增值过程的财货，第二个维度是投入增值过程的财货形成的增值索取权。资金与西方经济学的资本局限于一维属性，不能很好地描述资本的二维属性，这就如同用一条线段如何也不能准确描述一个平面上的图形。这是资金运动论的内在缺陷。

三、资金运动

对于资金运动流行的观点是：“资金运动的状态有静态和动态两种形式：资金运动的静态表现形式是资金来源和资金占用；资金运动的动态形式有资金的循环与周转、资金的耗费与收回、资金的投入与退出，等等”。①

1. 资金运动的静态表现形式

“资金运动的静态表现形式”这种说法是颇为令人费解的。既然是资金运动，怎么会出现静态形式？其实，企业的资金总是处于运动状态②，“资金运动的静态表现形式”无非是指在资金运动过程中的某一特定时点上企业资金所处的状态。

在资金运动论中，资金来源与资金占用之间是平衡的：

资金来源=资金占用

资金占用解释为企业的各项资产。因为资金的属性为财货，财货必然存在于某种形态，资金占用无非就是企业的各类资产。但是，资金来源并不等同于企业的负债和所有者权益。尽管企业的负债和所有者权益

① 吴水澎．会计理论与方法研究（续）［M］. 广州：暨南大学出版社，2008：111-127.

② 当然不排除特定的资金在一定时期保持特定状态，比如原料从入库到出库的滞留。

包含着资金来源信息，负债的金额包含着企业的资产有多少由债权人提供，所有者权益包含着企业的资产有多少由所有者提供，但是，会计准则和会计实务核算的负债与所有者权益并不是资金来源，而是权益，是资本的第二维属性，即增值索取权。

其实，资金来源、资金占用是通过会计信息（会计报表）可以获取的信息，这些信息对于企业财务管理和决策是有用的，但是，这些信息本身并不是会计信息系统直接提供的基本信息（会计要素信息、会计报表信息）。资金来源、资金占用信息主要的特性应当是借助会计信息加工生产的财务管理信息，会计信息系统并不直接提供资金来源和资金占用信息，会计信息系统提供的是资产、负债和所有者权益的信息，不同于资金来源和资金占用。

2. 资金的循环与周转

资金循环是指资金占用形态的变化。工业企业的资金循环可以假设由货币资金开始，尔后依次为设备、厂房、原材料、产成品、应收账款、货币资金。从货币资金支付到收回货币资金即资金完成了一次周转。资金循环与周转可以分割为特定阶段，比如由货币资金到原材料的转换，由产成品到应收账款的转换，由应收账款到货币资金的转换。资金循环与周转是由于企业经营过程所发生的经济业务所导致的，没有经济业务发生，也就不会有资金形态的变化，经济业务是原因，而资金循环与周转是结果。比如，企业要计量本期固定资金转移到流动资金中的价值，就不能不问本期发生了哪些与此相关的经济业务，否则就解决不了这个问题，而会计信息系统恰好提供了解决这个问题的程序和方法。

“在社会主义市场经济条件下，一切物资都具有一定量的价值，它体现着耗费于物资中的社会必要劳动量，社会再生产过程中物资价值的货币表现，就是资金。”① 如果将资金理解为物资价值的货币表现，资金的循环与周转就是企业各项资产用货币计量的价值的变动，这也是会计信息系统所提供的信息。

3. 资金的耗费与收回

什么是资金的耗费？什么是资金的收回？首先应当明确，资金的耗费与收回是一个期间概念。我们可以问：企业在某一个月耗费了多少资金？企业的固定资产耗费了多少？企业耗费了多少人工费？企业发生的停工事故所造成的资金耗费有多少？本期销售商品收回的资金是多少？不借助于会计概念，很难将资金的耗费与收回讲清楚；不借助于会计信息系统，也很难讲清楚企业究竟耗费了多少资金，收回了多少资金。借助于会计概念来解释，资金耗费无非就是构成资金的财货变成了费用，即资产变成了费用；资金收回无非就是企业资产变成了货币资金或企业形成的收入。会计系统中的利润表正是反映资金的耗费和收回的，提供资金的耗费与收回信息也正是会计信息系统的功能之一。

4. 资金的投入与退出

资金投入是相对于企业而言的，资金的第一个维度即财货投入企业。这是由于财货所有者将财货投入企业换取企业的债权或股权导致的结果，从财务管理的角度来看，就是筹资业务的结果。

资金退出是相对企业而言的，资金的第一个维度即财货退出企业。这是由于偿还债务业务、利润分配业务和减资业务等导致的结果。

对筹资业务、偿还债务业务、利润分配业务和减资业务等进行会计处理，提供资金投入与退出信息，这也是会计信息系统的功能之一。

① 荆新，王化成，刘俊彦. 财务管理学（第四版）[M]. 北京：中国人民大学出版社，2006：1.

四、资金运动论的缺陷

1. 资金概念的模糊性和一维属性

资金运动论的根本缺陷是资金概念没有明确定义，模棱两可。从前面的分析我们已经看到，资金运动论中使用的资金概念与西方经济学的资本相当，落脚点是财货属性。而会计信息至少是二维的，资产负债表就包含资产和索取权两个维度，用一维的资金来描述二维的资产负债表就有点力不从心，就要用资金占用和资金来源来解释资产负债，这种解释经不起推敲。既然资金的基本属性是财货，那么资金就是企业的资产，资产必定存在于某种形态，资金占用无非就是存在于某种形态的资产。企业的负债和所有者权益包含了资金的来源信息，但是负债和所有者权益本身并不是资金来源，而是债权人和所有者因向企业提供了资金而获取的权益。

2. 会计对象的模糊性

资金运动论是要提出“会计对象”，其基本观点是“会计对象为资金运动”。但资金运动论只是笼统地认定会计对象为资本运动，没有明确来区分作为会计信息系统投入的对象——会计信息系统对“什么”进行处理、会计信息系统的产出对象——会计信息系统输出的是“什么”信息。

如果严格区分会计信息系统的投入对象和产出对象，资金运动论应当改进为：对企业发生的资金运动进行会计处理，产生有关企业资金运动的会计信息。

第三节 “资本循环说”评述

一、资本循环说概述

“德国巴比提出‘资本循环说’，将资本运动分为向心运动（筹资、借款、收益等）、离心运动（减资、还债、损失等）、圆心运动（资本循环与周转）、圆周运动（损益结转资本），复式记账是将每一资本运动，从某一账户贷方（出口）转入另一账户借方（入口），以表明资本从何处来、用于何处去。这种学说对会计对象有较全面、较深刻的认识，较为科学，可惜昙花一现，湮灭无闻，鲜为人知。”①

资本循环说值得肯定的理论价值还是其对经济业务所做的分类。为了便于理解资本循环说，我们首先考察企业的契约模型，如图3-3所示。② 指向圆心的箭头代表各主体承担的义务，义务的履行将导致经济资源流入企业，也即各主体投入企业的财货，形成企业的资产，或者称为资金占用；指向各主体的箭头表示各主体将财货投入企业而形成的增值索取权，即各主体对企业拥有的索取权。按照企业契约理论，企业可以看作一个契约组合。

向心运动最基本的特点是导致企业资产的增加，即各主体向企业投入财货，在图3-3中就是指向圆心的箭头。筹资业务、借款业务、实现收入，将导致资产流入企业（资产的价值增加）。向心运动将导致资产或索取权同时增加。

① 易庭源．会计对象是会计理论研究的起点［J］．广西会计，1999（6）：13-15.

② 刘玉勋，等．会计学原理［M］．北京：机械工业出版社，2004：1-2.

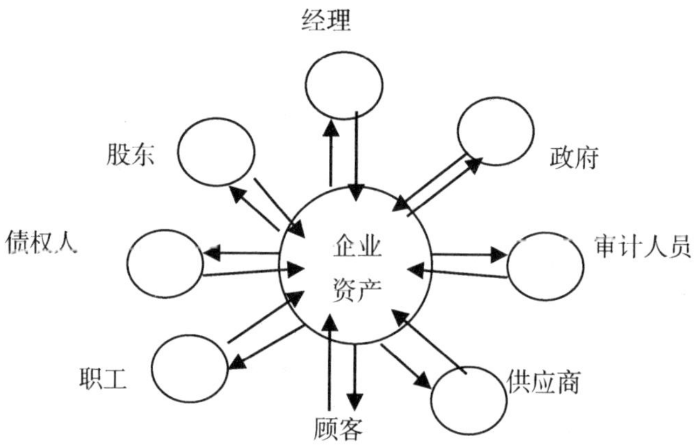

图 3-3 企业的契约模型

离心运动最基本的特点是导致企业资产的减少，即各主体的索取权导致财货流出企业。减资、偿还债务、发生费用等业务将导致资产流出企业（资产的价值减少）。离心运动将导致资产和索取权同时减少。

圆心运动最基本的特点是资产形态的变化，比如采购业务、生产业务、产成品入库业务、对外投资业务等导致的资产形态变化。圆心运动只导致资产内部形态的变化，不改变资产的价值①，也不改变索取权的价值。

圆周运动：损益结转资本即结转费用到利润，结转收入到利润，这种结转实质上是所有者权益内部形态的变化②，不影响企业的资产，故可以形象地看作在企业边界运动（索取权形态）。我们可以将索取权内部形态变化的经济业务归结为圆周运动。

① 这只是会计实务隐含的假设，现实情况未必如此。
② 收入本质上是经营导致的所有者权益的增加，费用本质上是经营活动导致的所有者权益减少，收入和费用两者都属于所有者权益。

二、资本循环说评价

毫无疑问，资本循环说最接近我们所提出来的会计对象的资本运动论，但是资本循环说与资金运动论一样，具有一个严重的缺陷，就是对资本的认识局限于资本的一维属性，将资本局限于财货，这样就无法准确描述二维的资本运动。

资本循环说将资本运动分为四类：向心运动、离心运动、圆心运动、圆周运动。

资本循环说的向心运动包括筹资、借款、收益等。筹资、借款为资本投入。尽管确认“收益”确实导致所有者权益增加，但这里的所有者权益增加是经营过程导致的，与资本投入导致的所有者权益增加具有本质的差异，不是资本投入，收益是财货循环导致的所有者权益增加。因此，资本循环说将筹资、借款、收益等归为一类是错误的。

资本循环说的离心运动包括减资、还债、损失等。同样，减资、还债属于资本退出。损失导致的所有者权益减少，不是资本退出，而是经营过程导致的所有者权益减少，是财货循环导致的所有者权益减少。减资、还债属于资本退出，损失属于财货循环，分属于两类不同的资本运动。因此，资本循环说将减资、还债、损失等归为一类也是错误的。

资本循环说的圆心只包括企业的资产，圆心运动也就是财货循环和周转，但是企业财货的循环和周转并不能只局限于圆心（企业的内部）。例如，企业通过采购导致现金流出企业、生产资料流入企业；企业通过销售导致产品流出企业、现金流入企业。可见，财货循环并不是只局限于圆心的圆心运动。

资本循环说的圆周运动是指损益结转资本，即结转费用到利润，结转收入到利润，这些都是权益形态转换，是所有者权益形态的内部转换。权益形态转换并不只限于这两种，还有许多其他种类的权益形态转换。

从资本运动论的角度来看资本循环说，它的圆心所指为资本的第一维属性——财货，它的圆周所指为资本的第二维属性——索取权，两者均是资本（增值过程）的重要属性之一，两者是并行的、平衡的（价值相等）。由于资本循环说的资本仅仅是一维的财货，企业就简略为一个由财货构成的圆心，而各项索取权则是与企业相分离的圆周。作为资本运动论理论基础的资本二维属性理论，则将财货（企业的资产）与对企业的索取权统一为资本的二维属性，两者通过资本紧密联结。

第四节　企业会计准则对会计对象的规定

《企业会计准则——基本准则》① 之中没有会计对象这个概念，但实质上涉及了会计对象，并且分别对投入对象和产出对象进行了规定。

一、企业会计准则对会计投入对象的规定

《企业会计准则——基本准则》在第一章“总则”的第五条规定：“企业应当对其本身发生的交易或者事项进行会计确认、计量和报告。”② 这里实质上规定了会计信息的投入对象是“交易或者事项”。

第二章“会计信息质量要求”是在第一章“总则”的基础上，对

① 会计准则委员会．企业会计准则——基本准则（2014）［EB/OL］．会计准则委员会官网，www. casc. org. cn/2018/0815/125324. shtml.

② 会计准则委员会．企业会计准则——基本准则（2014）［EB/OL］．会计准则委员会官网，www. casc. org. cn/2018/0815/125324. shtml.

会计投入对象如何进行会计处理所提出的质量要求。第二章的第十二条规定："企业应当以实际发生的交易或者事项为依据进行会计确认、计量和报告"；第十六条规定："企业应当按照交易或者事项的经济实质进行会计确认、计量和报告"；第十七条规定："企业提供的会计信息应当反映与企业财务状况、经营成果和现金流量等有关的所有重要交易或者事项"；第十八条规定："企业对交易或者事项进行会计确认、计量和报告应当保持应有的谨慎"；第十九条规定："企业对于已经发生的交易或者事项，应当及时进行会计确认、计量和报告，不得提前或者延后"。①

第十二条规定会计投入对象应当是实际发生的交易或事项；第十六条是会计处理的"实质重于形式原则"，即从"交易或事项"中提取的会计信息应当反映本质而非形式；第十八条是会计处理的"谨慎性原则"，从"交易或事项"中提取的会计信息不应当高估资产或收益，而低估负债或费用；第十九条是会计处理的"及时性原则"，对于已经发生的"交易或事项"应当及时进行会计处理，使得已经发生的"交易或事项"得到及时反映。

如果说，第十二条规定了"实际发生的交易或事项"应当成为会计投入对象，那么第十九条就是规定了"实际发生的交易或事项"必须成为会计投入对象。这两条结合起来就是："实际发生的交易或事项"可以是且必须是会计投入对象，即"会计投入对象"是"实际发生的交易或事项"。

① 会计准则委员会．企业会计准则——基本准则（2014）［EB/OL］．会计准则委员会官网，www. casc. org. cn/2018/0815/125324. shtml.

既然我国的会计准则认定了“实际发生的交易或事项”为会计对象，那么我们就需要明确“实际发生的交易或事项”是什么，对此我国的会计准则没有解释或规定，但这是认识会计投入对象必须明确的，为此，我们将探讨作为会计投入对象的“交易或事项”所涵盖的内容。

二、企业会计准则对会计产出对象的规定

1. 会计要素和会计报表是会计产出对象的两种主要形式

《企业会计准则——基本准则》在第一章“总则”的第十条规定：“企业应当按照交易或者事项的经济特征确定会计要素。会计要素包括资产、负债、所有者权益、收入、费用和利润。”① 第四条规定：“企业应当编制财务会计报告。”这两条是对会计产出对象的规定。

我国会计准则规定了会计信息的主要形式为会计要素和会计报表②，即会计产出对象包括会计要素和会计报表，并且还规定了会计投入对象与产出对象之间的对应关系，就是由“交易或者事项”的经济特征提炼出反映“交易或者事项”的会计要素。会计处理就是要从分析会计投入对象“交易或者事项”入手，获取的会计要素信息要能够反映投入对象“交易或者事项”的经济性质。那么这里就有几个问题：

第一，会计投入对象“交易或者事项”的经济性质是什么？

第二，会计产出对象“会计要素”的经济性质是什么？“会计报表”的经济性质是什么？

第三，会计投入对象“交易或者事项”的经济性质与会计产出对象“会计要素”“会计报表”的经济性质是否吻合？

---

① 会计准则委员会．企业会计准则——基本准则（2014）［EB/OL］．会计准则委员会官网，www. casc. org. cn/2018/0815/125324. shtml.

② 会计报表为财务会计报告的核心，为此我们将财务会计报告聚焦于会计报表。

2. 会计要素性质问题的提出

《企业会计准则——基本准则》在第三章至第八章分别阐述了资产、负债、所有者权益、收入、费用和利润六个会计要素的性质。但是，笔者认为会计准则所规定的各会计要素的性质并没有反映会计投入对象的经济性质，也即上述第三个问题的答案是否定的。有关会计要素的探讨将在本书的第四章“会计要素”展开。

3. 会计报表性质问题的提出

通常认为资产负债表反映的是企业的财务状况，利润表反映的是企业的经营成果。但是，财务状况和经营成果本身是具有广泛意义的。资产负债表反映的财务状况的特定含义是什么？利润表反映的经营成果的特定含义是什么？如果资产负债表反映的企业财务状况是间接的，那么资产负债表直接反映的是什么？如果利润表反映的企业经营成果是间接的，那么利润表直接反映的是什么？这就是会计性质问题研究所要回答的问题。

综上所述，尽管我国会计准则没有会计对象这个概念，但在事实上分别对会计投入对象和会计产出对象进行了规范。将会计投入对象界定为“交易或事项”，将资产负债表的性质界定为“财务状况”，将利润表的性质界定为“经营成果”，只能看作对会计对象的粗浅认识，还有待进一步深化，这也是本书所设定的部分任务。

第五节 会计对象——资本运动论的观点

空泛地探讨会计对象，所得出的结论必然也是空泛的，既难以证明其正确，也难以证明其错误，无助于会计理论的改进，无助于会计实务的完善。本书以资本二维属性理论为基础所建立的会计对象理论，与资金运动论相对应，姑且称为“资本运动论”，或者称为“会计对象的资本运动论”。该理论的目标很明确，就是要回答两个基本的会计问题：

第一个基本问题：会计信息系统的投入是什么？会计信息系统对什么进行会计处理？

第二个基本问题：会计信息系统的产出是什么？会计信息系统产生的信息的经济性质是什么？

一、资本运动论概要

资本运动论以资本二维属性理论为基础来阐述会计对象。

会计信息系统对资本及资本运动进行观测，主要获取的是有关资本二维属性（财货和增值索取权）及其变动的原始信息。因此，会计投入对象为“有关资本二维属性（财货和增值索取权）及其变动的原始信息”。对原始信息进行会计处理产生的要素信息和报表信息的经济性质为资本二维属性及其变动的信息。因此，会计产出对象为有关资本二维属性及其变动的要素信息和报表信息。概括说来，会计对象是资本二维属性及其变动。

会计对象探讨的是会计信息的投入和产出。会计信息系统的投入称为会计投入对象，会计信息系统的产出称为会计产出对象。实际上会计信息系统是一个投入产出流程：

经济业务	资本运动	资本变动	会计要素	会计报表

上游　　　　　　　　　　　　　　　　　　下游

经济业务信息是最初始的投入，而会计报表是最终的产出，中间的环节对上游来说是产出，对下游来说是投入。而资本变动则是连接上游和下游的中间节点。

会计信息系统由经济业务信息提炼出资本运动信息，进而形成资本变动信息，由资本变动信息形成会计要素信息，进而形成会计报表信息，会计要素和会计报表则是反映资本变动的信息。

概括来说，资本运动论认为：

“会计对象是资本及资本变动”；会计信息系统对资本及资本运动进行观测，获得资本及资本变动的原始信息，进而进行会计处理，形成有关资本及资本变动的信息，资本及资本变动信息反映资本及资本运动。

会计信息系统的投入对象为：资本及资本变动的原始信息。

会计信息系统的产出对象为：资本及资本变动的要素信息和报表信息。

会计信息系统的基本特性：

对资本运动（增值过程）进行观测，获取资本变动的原始信息，资本变动的原始信息就是会计信息系统的投入。因此，投入角度的会计对象就是有关资本运动的原始信息。

对资本（增值过程）及资本运动的原始信息进行会计处理（确认、计量、报告）获取资本变动信息，进而对其加工形成有关资本及资本变动的要素信息和报表信息。因此，产出角度的会计对象为资本及资本变动的要素信息和报表信息。

二、会计对象的分类

会计对象最基本的分类是会计投入对象和会计产出对象，可对会计投入对象、会计产出对象做进一步的分类。

（一）会计投入对象的分类

经济业务是指导致资本运动的全部事项。经济业务是资本运动的前因，资本运动是经济业务的后果。

会计信息系统并不是直接观测到资本运动，而是通过对经济业务的观测，通过对经济业务的信息进行分析，获取与资本运动相关的信息，作为会计信息系统的原始信息（投入信息），进而对原始信息进行会计处理获得要素信息和报表信息。

导致资本运动的经济业务通常分为交易、事项和情况三部分。

交易是指企业与企业外部其他主体之间的经济业务（也称外部事项）。例如，购买原材料、取得贷款、取得股东的资本投入、取得人力资本投入、销售货物等均属于交易。

事项是指发生在企业内部的经济业务（也称内部事项）。例如，生产车间领用原材料、生产车间耗用辅助生产车间提供的劳务、固定资产折旧、固定资产内部调配、无形资产摊销等均为事项。

情况是指企业外部环境变化对企业会计要素造成的影响，例如物价水平变动、汇率变动对企业资产或负债产生的影响，又如债务人破产导致企业一项应收账款无法收回。

对于企业发生的外部交易，通常都会取得证明该项经济业务的原始凭证，据此可以对该项经济业务进行会计确认和计量。

对于企业内部的事项，如果发生于企业内部不同部门之间，通常在业务发生或完成时也会产生类似于外部交易的原始凭证，据此可进行会计确认和计量；对于发生于部门内部的事项，比如计提固定资产折旧，按照既定的规则或惯例填制原始凭证，据此进行确认和计量。

对于既非外部交易又非内部事项的情况，既没有从外单位取得的原始凭证，也没有内部填制的原始凭证，会计人员只能依据反映实际情况的相关材料，进行会计估计和判断，进而进行确认和计量。

可见，对交易、事项、情况这三种经济业务，确认和计量的难度依次加强，而会计信息的可靠性依次减弱。

（二）会计产出对象的分类

会计产出对象主要包括会计要素和会计报表。会计要素更为准确的说法应当是财务报表要素。财务报表要素是一个最基本的会计概念，也是概念结构中的重要内容。① 国际会计准则委员会对财务报表要素的表述是："财务报表描绘交易和其他事项的财务影响，是根据交易和其他事项的经济特性，把它们分成大类，这些大类称作财务报表的要素。与资产负债表中财务状况的计量直接联系的要素是资产、负债和产权。与收益表中经营业绩的计量直接联系的要素是收益和费用。"与此类似，我国的《企业会计准则——基本准则》规定，会计要素包括资产、负债、所有者权益、收入、费用和利润，其中，资产、负债和所有者权益要素侧重于反映企业的财务状况，收入、费用和利润要素侧重于反映企业的经营成果。

会计要素实质上是会计信息系统所要提供的最主要的经济指标，是会计信息系统提供信息的具体形式。可以将会计要素称为一级指标，而报表项目则可以称为二级指标，会计科目则是更低级、更详细的经济指标，这些指标最基本的特点是以复式簿记系统为基础，其他数据（统计数据）则未必受到复式记账的借贷平衡要求。如果将会计报表项目看作基本的经济指标，则会计要素可以看作会计报表项目的分类标志，

① 魏明海，龚凯颂．会计理论［M］．大连：东北财经大学出版社，2001：13，84，84.

并且是相应类别下会计报表项目的总括指标。

会计要素是为了实现会计目标，反映企业管理层受托责任，有助于财务报表使用者做出决策所提供的主要经济指标，当然，这些指标最终是以财务报表的形式提供。

企业对经济业务进行确认、计量和报告，就是从反映经济业务的原始信息中提炼出反映资本运动、资本变动会计要素产生的影响信息。

参考文献：

[1] 余秉坚．中国会计百科全书［M］．沈阳：辽宁人民出版社，1999.

[2] 赵林如．市场经济学大辞典［M］．北京：经济科学出版社，1999：356，32.

[3] 吴水澎．会计理论与方法研究（续）［M］．广州：暨南大学出版社，2008：111-127.

[4] 易庭源．会计对象是会计理论研究的起点［J］．广西会计，1999（6）：13-15.

[5] 赵士信．会计对象之探讨［J］．会计研究，1995（7）：14-18.

[6] 王开田．现代会计对象的再认识［J］．会计研究，1997（3）：41-43.

[7] 魏明海，龚凯颂．会计理论［M］．大连：东北财经大学出版社，2001：13，84，84.

[8] 荆新，王化成，刘俊彦．财务管理学（第四版）［M］．北京：中国人民大学出版社，2006：1.

[9] 葛家澍，刘峰．会计大典（第一卷）：会计理论［M］．北京：中国财政经济出版社，1998：313-314.

[10] 刘玉勋，等．会计学原理［M］．北京：机械工业出版社，2004：1-2.

[11] 阎德玉．会计要素划分的比较研究［J］．财会月刊，1999（10）：8.

[12] 财政部会计司编写组．企业会计准则讲解（2006）［M］．北京：人民出版社，2007：8.

[13] 杨纪琬，等．会计学原理［M］．北京：中国财政经济出版社，1963：17.

第四章

会计要素

本章对会计的产出对象——会计要素的经济性质进行探讨。现有的会计准则和会计理论对会计要素性质的认识存在两方面的严重缺陷：第一，囿于资金、资本一维属性（财货属性），对会计要素的认识无法突破一维空间，会计要素无法冲破财货的范围。例如，将负债理解为“负资产”，所有者权益为“净资产”，负债要素和所有者权益要素就成了特定类别的资产，丧失了义务属性和权益属性。尽管负债是债权人的资产，尽管负债将导致经济及利益流出企业，而资产将导致经济流入企业，两者对企业经济利益的影响是反向的，但将负债解释为负资产，则仅仅是反映了负债引申出来的性质，而舍弃了负债的本质属性——债权人的索取权，实则是“捡了芝麻丢了西瓜”。第二，认定的要素的属性与会计核算的内容相矛盾。例如，收入在日常用语中常常表示收到的钱，而收入要素则规定为“经济利益的总流入”，但是，会计核算已经将收到的钱作为“经济利益总流入”进行了记录（会计分录为“借：现金”），如果会计核算的收入（会计分录为“贷：收入”）仍然是收到的钱，那么收到的钱在现金账户和收入账户分别被记录了两次，复式记账不就成了重复记账了？可见，收入账户记录的不应当是收到的钱。

本章以资本二维属性理论、资本运动理论和会计对象理论为基础，重新阐述了会计要素的经济性质，即会计要素的基本功能是反映资本及资本运动，得出的基本结论：第一，资产反映资本的第一维属性——财货；第二，负债和所有者权益反映资本的第二维属性——增值索取权，负债是债权人对企业的索取权，所有者权益是所有者对企业的索取权；收入是资本运营阶段财货运动、权益运动导致的所有者权益增加；费用是资本运营阶段财货运动、权益运动导致的所有者权益减少；利润是资本运营阶段财货运动、权益运动导致的所有者权益净变动。

第一节　资产要素分析

资产的定义决定了资产的边界，是用于确认资产的依据，以资产的定义作为主要依据来判断什么是企业的资产，什么不是企业的资产。资产的确认又是资产计量的前提，而其他要素的计量都依赖于资产的计量。因此，资产要素在会计要素体系中是最基础的要素。

各国的财务会计概念框架一般都对资产的定义非常重视，其他会计要素的定义或多或少依赖于资产要素的定义。但是，人们对资产要素的理解多有不同，形成了“未来经济利益观”（FASB）、“未来经济利益的资源观”（IASB）和“财产权利观”（ASB）等观点。IASB 对资产要素的定义是：“资产是由于过去的事项而由企业控制的、预期会导致未来经济利益流入企业的资源。”我国会计准则对资产的定义是：“资产是指企业过去的交易或者事项形成的、由企业拥有或者控制的、预期会给企业带来经济利益的资源。”这两种观点都属于资源观。按照资源观，资产的核心是“资源”，是满足特定条件的资源，对资源限定的三个特定条件是：①过去交易或事项形成；②由企业拥有或控制；③预期会给企业带来经济利益。本节以国际会计准则和我国会计准则为背景，对资产要素的会计定义进行研究，对“未来经济利益观”“资源观”和“财产权利观”等进行分析评价，在此基础上，对资产要素的定义进行改进，提出：“资产是指由过去的交易或事项而由企业拥有的含有经济利益的财货”。资产其实就是“企业拥有的财货”，资产要素是用于反映资本的第一维属性——财货。

我们将提出资产要素的改进定义：“资产是由过去的交易或事项而由企业拥有的含有经济利益的财货”。

一、将“资源”改为“财货”

“资源观”所定义的资产只是满足特定条件的资源，资产只是特定的资源。如果将资源看作一个集合，资产只是资源集合的一个子集。为此，要理解资产的含义，首先必须弄清楚资源的含义，否则资产的定义就是不完整的。“资源”通常包括自然资源、社会资源和人力资源等。阳光、空气、河流、土地、森林、草原、矿藏等属于自然资源；社会资源包括经过劳动创造的各种物质财富；人力资源就是一个国家的劳动力总和。资源的显著特征是具有一定的物质形态。一个企业的固定资产、存货等具有物质形态的资产都属于资源集合，但是企业持有的货币资产显然不具有资源的属性。企业的资产包含了货币资产、权利资产、实物资产、无形资产等。实物资产属于资源，而将企业持有的现金、企业的应收账款看作资源则十分牵强。

将资产定义中的“资源”修改为“财货”更为符合现行会计实务确认的资产。“财货”这一概念是经济学家马歇尔在其名著《经济学原理》中首先提出来的，用以指代一切人们想要得到的东西、一切有价值的东西，包括物质的和非物质的。

二、“未来经济利益观”的局限性

“未来经济利益观”以未来经济利益来定义资产，代表观点是FASB（Financial Accouneing Standard Board，FASB，美国财务会计准则委员会）的SFACNO.6（美国财务会计概念公告第6号）该文件将资产定义为：“资产是特定的主体因已经发生的交易或事项而拥有或控制的、可能的未来经济利益。”国际会计准则认为：“资产中包含的未来经济利益，是指直接或者间接导致现金和现金等价物流入企业的潜力。这种潜力可以是生产性的，即是企业经营活动的一部分。它也可能采取转化为现金或现金等价物的形式，或采取能够减少现金流出的形式，例如，当一项工艺能够降低生产成本时。资产中包含的未来经济利益可以以若干方式流入企业。例如，一项资产可以：①单独使用或与其他资产结合起来使用，生产出产品或劳务供企业出售；②换取其他资产；③用于偿还债务；④分配给企业的业主。”

资产中包含经济利益的实质是资产具有价值，即资产具有使用价值或者具有交换价值，也就是企业通过使用该资产可以获取其使用价值或者通过交易可以获取其交换价值。

可以说，经济利益与财货是同一个事物的两个方面，缺一不可。财货是经济利益的载体，是经济利益的具体表现形式，而经济利益是财货的价值属性。一项财货，如果既没有使用价值也没有交换价值，就不会有人愿意拥有它，从而它就不成为财货了。经济利益（使用价值或交换价值）必然包含在某种财货中。对资产的确认，其中包括判断一项财货是否含有经济利益，这是对经济利益的定性分析，解决有没有的问题，为资产的计量奠定基础；对资产的计量，则是对经济利益的定量分析，用金额来表示经济利益的量。

本书并不赞同将资产界定为“未来的经济利益”。经济利益只是资产的必要条件，而不是充分条件，资产除了要包含未来经济利益之外，还要具备其他条件，尤其是经济利益必然要有一个载体。财货是经济利益的载体，经济利益具体表现为各种各样的财货。“未来经济利益观”将资产的财货性质抽象掉了。如果将经济利益的具体形态——财货舍弃，则我们将无法对资产进行分类核算，必将导致会计信息含量极度下降，降低会计信息的有用性。现行会计实务确认的资产是具有各种各样形态的，并不是抽象的经济利益。

三、“财产权利观”的合理性与局限性

英国 ASB 1999 年公布的“财务报告原则公告”指出，资产“是由于过去的交易或事项形成的、由特定主体控制的、对未来经济利益的权利（rights）或其他使用权（other access）”。这种观点可称为“财产权利观”。“财产权利观”认为资产的核心是“权利或其他使用权”。企业可能拥有一项财产的全部权利（所有权）或只享有部分权利。在只享有财产部分权利的情况下，资产并不意味着拥有财产本身，资产只是一种权利（rights）。

本书并不赞同将资产界定为“权利”。如果将资产界定为权利，则将资产的财货属性抽象掉了。如果将资产的具体形态舍弃，企业的资产就只有权利财货了，如上所述，则我们将无法对资产进行分类核算，必将导致会计信息含量极度下降，降低会计信息的有用性。

“财产权利观”的积极意义在于，将企业不拥有所有权、只拥有部分权利的财产也纳入了资产的视野，拓宽了资产的范围。其理由在于，任何权利对企业都是有价值的，因此就构成了企业的财货，就有可能具备确认为资产的条件。

四、“拥有或控制”合并“拥有”

资产定义中的“拥有”是指企业拥有资源的所有权；资产定义中的“控制”是指企业不拥有该资源的所有权，即不符合拥有的条件，但是该资源能够被企业所控制。资源成为企业资产的条件，要么是被企业拥有，要么是被企业控制。

企业对“资源的拥有”是指企业享有某项资源的所有权，也即企业能够排他性地从该资源中获取经济利益。企业对“资源的控制”是指企业虽然不享有该资源的所有权，但享有从中获取经济利益的权利。

“企业控制某项资源”是指企业享有该资源的大部分权利，近似等于所有权。如果说拥有是一种绝对的状态，则控制就是一种相对状态。企业享有资源的权利接近所有权到什么程度才算作控制？比如，在现行会计实务中，融资租赁的设备属于控制，符合资产的确认标准；短期租赁的设备不属于控制，则不符合资产的确认标准，因为企业既不拥有也不控制该设备，但是，该设备在企业的生产过程中确实又发挥作用，企业拥有该设备在一定期间的使用权。对于企业拥有的这项使用权是否可以确认为企业的资产？

对于企业不拥有所有权的资产，如果企业拥有该资产的部分权利，则该部分权利就成为企业的财货。比如：①企业购买的设备，企业拥有其所有权，该设备是企业的财货；②企业的股权投资，获取了被投资企业的部分所有权，该“股权投资”成为企业的财货；③企业购买了其他公司发行的债券，获取了债权，企业不拥有被投资公司的所有权，但却拥有债权，该“债权投资”成为企业的财货；④经营租赁的设备，企业不拥有该设备，但拥有该设备在租赁期内的使用权，该“设备使用权”就成为企业的财货；⑤对于企业聘用的员工，企业并不能拥有，本质上也不控制，但企业拥有员工的使用权，该“劳动力使用权”成为企业的财货，企业拥有了该项财货。

按照现行会计实务，企业并不确认经营租赁设备的使用权，也不确认对员工的使用权，将“拥有或控制”的范围限定得过于狭窄。按照我们的观点，也是“财产权利观”的观点，即使企业不拥有所有权，只是拥有部分权利，如果这部分权利预期能够为企业带来经济利益，则这部分权利也可看作企业的资产。

综上所述，对于企业控制的财货，尽管企业不拥有该财货的所有权，但企业拥有的部分权利构成企业的权利财货，而企业拥有该权利财货的所有权，因此，“企业控制的财货”就可转化为“企业拥有的权利财货”。因此，资产定义中的“拥有或控制”可以统一为“拥有”，而舍弃“控制”。资产的显著特征是企业拥有的财货。

五、交易或事项

资产的形成必然与企业过去的交易或事项相联系。比如，材料采购业务形成了存货，固定资产采购业务形成了固定资产，销售业务形成了应收账款资产等。相反，企业预计未来进行的经济业务在当前不会形成资产。比如，企业有意愿购买一台设备，但采购行为尚未发生，合同尚未签订，预计购买的设备就不符合资产的定义，因此就不能确认为资产。

会计对象是企业发生的经济业务，也就是企业发生的交易或事项；预计未来发生的经济业务也就是尚未发生的经济业务不是会计对象，不能进行任何确认。过去的交易或事项是用于证明企业对财货拥有的证据，即企业进行会计处理的“原始凭证”。因此“交易或事项”实质上是对会计确认依据的规定。

六、对资产要素会计定义的改进

综上所述，我们给出资产要素的改进定义：“资产是由过去的交易或事项而由企业拥有的含有经济利益的财货。”这一定义是以“资源观”为基础进行的改进，可称为“财货观”，即资产是满足特定条件的财货，这些特定条件包括：过去的交易或事项、企业拥有和含有经济利益三个条件。将资源改为财货，由于财货的范围较资源的范围大，尤其是它涵盖了各种权利财货，从而也就扩大了资产的范围；将企业只拥有部分权利的资源，只是控制的资源，转化为企业拥有的权利财货，这也为企业将只拥有部分权利财产确认为资产提供了条件。

第二节 所有者权益和负债要素分析

所有者权益要素和负债要素的会计定义是会计确认和计量不可或缺的前提。我国《企业会计准则——基本准则》① 对所有者权益的定义是：“所有者权益是指企业资产扣除负债后由所有者享有的剩余权益”；国际会计准则对所有者权益的定义是：“企业资产扣除企业全部负债后的剩余利益”；美国财务会计概念公告第6号《财务报表的各种要素》对所有者权益的定义是：“某一个主体的资产扣除其负债的剩余部分”。这三个定义相同的部分是“资产扣除负债”，而对“资产扣除负债的剩余”是什么则有不同的表述，分别为“剩余权益”“剩余利益”“剩余部分”。

① 会计准则委员会．企业会计准则——基本准则（2014）［EB/OL］．会计准则委员会官网，www.casc.org.cn/2018/0815/125324.shtml.

对于负债要素的定义，各种准则基本相同。我国《企业会计准则——基本准则》① 对负债要素的定义是："负债是指企业过去的交易或者事项形成的、预期会导致经济利益流出企业的现时义务。"

针对这三个定义，本节将探讨这样几个问题：资产能扣除负债吗？资产扣除负债的特定含义是什么？所有者权益要素与负债要素的关系？我们将会看到：负债是债权人对企业享有的权益，所有者权益是所有者享有的剩余权益，所有者权益是企业所有权扣除负债后的剩余权益，但不是资产扣除负债的剩余。

一、会计主体理论评述

对所有者权益性质的认定其实依赖于人们对会计主体性质的认定。迄今为止，所有者权益并没有一个统一的定义，现有的定义也并没有揭示所有者权益的本质，其根源在于人们对会计主体性质认识的差异。下面对会计主体理论进行评述，为认识所有者权益的性质奠定基础。

（一）所有权理论评述

所有权理论（proprietary theory）的基本出发点是"股东是企业的所有者"，"股东拥有企业的所有权"。

所有权理论认为，所有者拥有资产和负债，资产是所有者所拥有的权利，而负债是所有者所承担的义务，权利减去负债后的净额便是所有者权益。所有权理论的资产负债表方程式为：资产-负债=所有者权益，其所对应的资产负债表则为报告式。

所有权理论的主要目标就是确定和分析所有者的净财富，也就是所

---

① 会计准则委员会．企业会计准则——基本准则（2014）［EB/OL］．会计准则委员会官网，www.casc.org.cn/2018/0815/125324.shtml.

有权的价值。严格的所有权理论进一步认为，负债为“负资产”，“资产-负债”就是企业的净资产，而所有者权益就成为“净资产”。美国财务会计概念公告第 6 号《财务报表的各种要素》对所有者权益的定义是：“所有者权益或净资产是某一个主体的资产扣除其负债的剩余部分”，这里将所有者权益等同于净资产，可见美国财务会计准则概念公告对所有者权益的定义的依据正是所有权理论。

一般认为，所有权理论只适用于独资和合伙这类不公开募股的公司，并不适用于公众公司。除了股东之外，企业还有许多利益相关者，如债权人、职工、社区居民、政府等，这些利益相关者也拥有对企业的特定权益，企业主体理论正是对这种现实的反映。另外，企业的剩余索取权并不总是归股东所有，在某些特定情况下（比如企业经营不善导致资不抵债）企业的所有权将被债权人接收，剩余权益理论正是对这种现实的反映。

所有权理论将负债抽象为“负资产”，实质上将负债的义务属性抽象掉了，负债不再是一个独立的会计要素，而成为特定类别的“资产”；所有者权益的所有权属性也被抽象掉了，而成为“净资产”，成为总资产的一个部分，所有权理论实质上否定了所有权的存在，与其基本的出发点相矛盾。按照所有权理论编制的资产负债表所提供的信息只是有关资产、负资产和净资产的信息，降低了资产负债表的信息含量，这是所有权理论最致命的缺陷。

（二）企业主体理论评述

企业主体理论（entity theory）认为，应将企业主体与所有者和其他利益相关者分离开来，企业主体是有别于供资者的一个主体，将企业视为具有独立人格的独立主体，这也是被法律和制度认可的事实。企业主体拥有企业的资源，负有向所有者和债权人支付的义务。相应的资产负债表方程式为：资产=权益，或者为：资产=负债+所有者权益。在这一等式中，负债和所有者权益被置于相同的地位，它们都是企业资产的来源，它们的区别仅在于，债权人的权益不受其他计价项目的影响，而所有者权益则是一种剩余权益，或者说，负债是企业的特定义务，而剩余部分则是归属于所有者的权益。

企业主体理论将“资产”定义为归属于企业主体的权利，将“权益”定义为资产的来源，所有者权益则是权益扣除负债后的剩余权益。企业主体理论的缺陷在于对“权益”的定义。毫无疑问，企业的资产主要来源于债权人和所有者，会计实务核算的负债和所有者权益也主要是债权人与所有者向企业投入资源形成的，但是，企业在生产经营过程中会形成新的资产（主要体现为资产价值的增加），这也是企业存在的根本目的，这部分资产并不是来源于债权人和所有者的投入，这说明会计实务核算的权益并不全是“资产的来源”。另外，有许多权益项目的形成也并不是“资产的来源”，比如，“应计利息”产生的原因不是债权人向企业提供了资金，而是源于企业占用了债权人的资金；“应交税金”产生的原因不是政府向企业提供了资产，而是企业法定的义务；“留存收益”记录是企业经营活动导致的所有者权益增加，而不是所有者向企业投入资产。可见，将“权益”定义为资产的来源与会计实务相矛盾。

（三）剩余权益理论评述

剩余权益理论（residual equity theory）是介于所有权理论和企业主体理论之间的一种理论，其目的是更好地向普通股东提供与决策有关的信息。该理论所对应的资产负债表方程式为：资产-特定权益=剩余权益。

特定权益包括债权人权益和优先股东权益。在通常情况下，优先股票既具有债权的性质又具有所有者权益的性质。有些优先股票实际上具有到期日和金额，到期时必须用现金偿还。这样的优先股票与一般债权并无不同。特定权益的主要特征是它的数额通常不受资产计价程序的影响，而归属于普通股的权益则受到资产计价程序的影响，也就是要按照上述资产负债表方程式来计算剩余权益。

剩余权益理论兼具所有权理论的缺陷和企业主体理论的缺陷。如果按照所有权理论将特定权益定义为“负资产”，则剩余权益也就成为“净资产”，资产负债表也就只能提供有关“资产”的信息。如果按照企业主体理论将“特定权益”和“剩余权益”定义为“企业资产来源”，则与会计实务核算的特定权益和所有者权益相矛盾。

（四）基金理论评述

基金理论（fund theory）将从事业务活动的单位作为会计核算的对象，这一业务活动单元的利益范围即基金。该理论所对应的会计等式为：资产=基金。基金可按用途分为不同基金项目。我国在计划经济时期采用了基金理论，将资产限定为流动资产、固定资产和专项资产，并为之设立了三个相对应的基金，即流动基金、固定基金和专项基金，其根本目的在于控制资产的运用，以达到专款专用。这种做法对国家直接管理企业能发挥一定的作用，但限制了企业成为一个产权清晰、权责明确、政企分开、管理科学、追逐利润的主体。

基金理论的缺陷在于忽视了企业所有权的存在，也忽视了企业是一个独立的主体，因此，基金理论所建立的会计主体并不适合于企业。

二、资产能扣除负债吗

我国会计准则对资产和负债的定义是："资产是指企业过去的交易或者事项形成的、由企业拥有或者控制的、预期会给企业带来经济利益的资源；负债是指企业过去的交易或者事项形成的、预期会导致经济利益流出企业的现时义务。"该定义所揭示出的资产的最本质特性是"资源"，负债的最本质特性是"义务"。以该定义为基础，我们来探讨资产能否扣除负债。

（一）两个集合的扣除运算

我们借助两个集合的差来探讨"扣除"的含义。设 A 和 B 表示两个任意的集合，从集合 A 中扣除集合 B 的元素得到的集合称为 A 和 B 的差集，记为 A−B。集合 A 和 B 之间存在三种可能的关系：A 包含 B、A 与 B 不相交、A 与 B 相交，如图 4-1 所示。

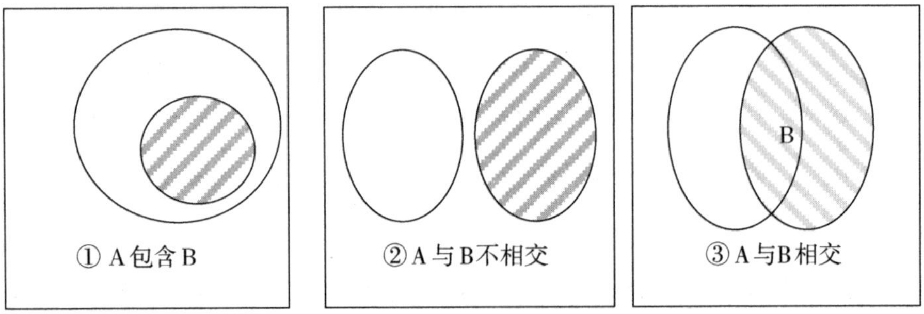

图 4-1　两个集合的差

①A 包含 B：当 A 包含 B，A 扣除 B 就是将集合 B 从集合 A 中扣除，剩余部分为 A 中没有阴影的部分，是集合 A 的一个子集。比如，集合 A 为我买来的面包，集合 B 为我吃掉的面包，集合 A 扣除集合 B 为买来的面包扣除吃掉的面包即剩余的面包，A−B 就是剩余的面包。

②A 与 B 不相交：由于 A 与 B 不相交，集合 A 扣除集合 B，剩余部分仍然为集合 A，或者说从集合 A 中扣除集合 B 没有产生任何实质的影响。比如，集合 A 为我拥有的 10 匹白马，集合 B 为我拥有的 7 匹黑马，从集合 A 中扣除集合 B，即从 10 匹白马中扣除 7 匹黑马，剩余部分仍然是集合 A 中的 10 匹白马。可见，当 A 与 B 不相交，从集合 A 中扣除集合 B 没有任何现实意义，“扣除”不产生任何作用，集合 A 扣除集合 B 仍然为集合 A。

③A 与 B 相交：当 A 与 B 相交，集合 A 扣除集合 B 就是将两集合相交部分从集合 A 中扣除，剩余部分为 A 中没有阴影的部分，是集合 A 的一个子集。比如，集合 A 为我拥有的 10 匹白马和 4 匹红马，集合 B 为我拥有的 7 匹黑马和 4 匹红马，两集合相交部分为 4 匹红马，A 扣除 B 就是从集合 A 中扣除 4 匹红马，剩余部分为 10 匹白马。

由此我们可以看出，集合 A 扣除集合 B 剩余部分一定是集合 A 的一个子集，当 A 与 B 不相交时，集合 A 扣除集合 B 还是集合 A 本身，“扣除”没有产生任何实际影响。

（二）资产与负债的关系

我们用符号 A 表示企业的资产集合。按照资产的定义，集合 A 的构成元素为具备特定条件的“资源”，或者说，具备“企业过去的交易或者事项形成的”“由企业拥有或者控制的”“预期会给企业带来经济利益的”这三个条件的资源构成了集合 A。我们用符号 B 表示企业的负债集合。按照负债的定义，集合 B 的构成元素为具备特定条件的“义务”，或者说，具备“企业过去的交易或者事项形成的”“预期会导致经济利益流出企业的”“现时的”这三个条件的义务构成了集合 B。

资源包含自然资源和社会资源两大类，前者如阳光、空气、水、土地、森林、草原、动物、矿藏等，后者包括人力资源、信息资源以及经过劳动创造的各种物质财富。义务的本质属性为人与人之间的社会关系，指政治上、法律上或道义上应尽的责任。因此，资源与义务属于完全不同的范畴，或者说，不存在既是资源又是义务的资源，也不存在既是义务又是资源的义务。进而可知，集合 A 和集合 B 的构成元素没有相同的，也即集合 A 与集合 B 不相交，因此，集合 A 扣除集合 B 剩余部分仍然是集合 A，即资产集合扣除负债集合仍然为资产集合，或者说，资产扣除负债没有任何实际意义。

（三）资产扣除负债的特定含义

我们知道，资产负债表等式“资产=负债+所有者权益”是复式记账和编制资产负债表的基石，由该等式可以得到“资产-负债=所有者权益”，这不正说明了“所有者权益是资产扣除负债”吗?

其实，资产负债表等式仅仅反映的是等式两边的价值相等，并不表示“资产”与“负债+所有者权益”性质相同。资产负债表等式可以更为准确地表述为“资产的价值=负债的价值+所有者权益的价值”，“资产-负债=所有者权益”则实质上是“资产的价值-负债的价值=所有者权益的价值”。因此，“资产-负债=所有者权益”只能用来计量所有者权益的价值，并不是对所有者权益属性的规定。“资产扣除负债”的特定含义就是资产的价值减去负债的价值，这只是规定了所有者权益的计量方法，并不是对所有者权益的定义。

如果将负债界定为“负资产”，资产扣除负债后就是所有者拥有的净资产。资产扣除负债得到的是净资产。将负债界定为“负资产”，实质上是放弃了负债的义务属性，而界定为“经济利益”，资产的属性为经济利益流入，负债的属性为经济利益流出，两者的共性是经济利益，但经济利益流向相反，净资产则为经济利益的净流量。① 可见，如果认可负债为“负资产”，负债这个要素就失去了义务属性，然而，义务属性是负债所具有的根本属性，没有负债属性，负债就不成为负债了。

三、所有者权益定义的改进

企业主体理论将“资产”定义为归属于企业主体的权利，将“权益”定义为资产的来源，提出的资产负债表等式为“资产=权益”。本书不赞同企业主体理论对“资产”和“权益”的定义，但接受将“资产=权益”作为资产负债表等式。本书不赞同所有权理论将“负债”看作“负资产”，也不赞同将所有者权益定义为“净资产”，但接受所有者权益为“剩余权益”的观点，以此为基础探讨所有者权益会计定义的改进。

股东拥有企业的所有权吗？法律层面认定股东为企业的所有者，但是股东并不拥有对企业的全部权利，债权人对企业也拥有部分权利。就如同某人按揭购买了一套公寓，办理的产权证将该公寓的产权登记在购买人的名下，但是该购买人在还清银行贷款之前并不完全拥有该公寓的所有权，银行也拥有部分所有权，以尚未还清的贷款为限。

企业的所有权（就是对企业资产的全部权利）由该企业的所有者和债权人共有；企业的所有权由所有者享有的权益和债权人享有的权益构成；企业的所有权可以分割为所有者权益和负债两部分。

为此给出“企业的所有权”的定义：“企业所有权是企业参与主体对企业的索取权。”企业参与主体通常可以分为债权人和企业所有者两

① 这就如同对投资项目进行经济评价中的现金流量分析一样，计算一个投资项目现金流入量、现金流出量，然后再计算净现金流量。

类。企业参与主体对企业的索取权通常在相关的契约中载明，比如债权人的索取权在借款合同中规定，所有者的索取权在公司的章程中规定。负债是债权人的索取权，是企业所有权的一部分，从企业所有权中扣除负债后剩余部分则为归属于所有者的索取权，故可用排除法来定义所有者权益："所有者权益是企业所有权扣除负债后剩余的权益"。

综上所述，将所有者权益界定为"剩余权益"包括三点要义：

第一，所有者权益是"企业所有权扣除负债后剩余的权益"；

第二，所有者权益和负债均是企业所有权的组成部分；

第三，负债和所有者权益是对资本第二维属性（所有权）的分类反映，负债反映的是债权人分享的所有权，所有者权益则反映的是所有者分享的所有权，债权具有优先特性，而所有者权益具有剩余特性。

第三节　利润表要素分析

明确利润表要素的会计定义是进行会计确认和计量的前提，也是编制利润表的前提。然而现行的会计准则和会计制度并没有完全认识利润表要素的本质属性，比如我国会计准则规定的利润表要素有收入、费用、利得、损失和利润五个，而国际会计准则只有收益和费用两个利润表要素。本节对我国会计准则和国际会计准则的利润表要素的定义进行分析，旨在认识利润表要素的本质属性，进而提出改进建议。

一、对费用、损失要素定义的分析和改进

我国《企业会计准则——基本准则》① 对费用要素的定义是："费用是指企业在日常活动中发生的、会导致所有者权益减少的、与向所有者分配利润无关的经济利益的总流出。"

国际会计准则对费用要素的定义是："费用是指会计期间内经济利益的减少，其形式表现为因资产流出、资产消耗或是发生负债而引起的权益减少，但不包括与对权益参与者分配有关的权益减少。"②

美国财务会计准则委员会（FASB）发布的第6号概念公告《财务报表的各种要素》给出的费用要素的定义为："费用是某一个主体在其持续的、主要或核心业务中，因交付或生产了货物、提供了劳务，或进行了其他活动而减少的资产或增加的负债或二者兼而有之。"③

（一）对"经济利益的总流出"的分析

我国的会计准则将"经济利益总流出"作为费用的基本属性，那么要想理解费用的含义，就必须明白"经济利益总流出"的含义。然而准则并没有对"经济利益总流出"这个概念的解释或说明，下面对此进行探讨。

首先，企业的财货包含经济利益。现金包含经济利益，用于购买商品时就可以实现其包含的经济利益；应收账款包含经济利益，收到账款实现债权，就实现了其中包含的经济利益；设备包含经济利益，设备在

---

① 会计准则委员会．企业会计准则——基本准则（2014）［EB/OL］．会计准则委员会官网，www.casc.org.cn/2018/0815/125324.shtml.

② 国际会计准则委员会．国际会计准则（2000）［M］．财政部会计准则委员会组织翻译．北京：中国财政经济出版社，2007：34.

③ 魏明海，龚凯颂．会计理论（第三版）［M］．大连．东北财经大学出版社，2006：95.

使用过程中，发挥其使用价值，就实现了设备中包含的经济利益。

其次，财货流出企业，其中包含的经济利益也就流出企业。例如，用于支付的现金流出企业，现金中包含的经济利益也就流出企业了。销售时，向购买方交付商品，商品中包含的经济利益（价值或使用价值）就流出了企业。

如果“经济利益总流出”=“包含经济利益的财货流出企业”，那么，将“经济利益总流出”作为费用的基本属性与会计实务相矛盾。

例如，企业销售商品，通过银行收取价款，商品已经交付购货方，商品成本为 8000 元，按照现行的会计实务确认费用的会计分录为：

借：销售成本　8000

　　贷：库存商品　8000

“贷：库存商品 8000”表示 8000 元的商品流出企业，也就是销售业务引起的经济利益总流出，或者说，销售业务引起的经济利益总流出是通过“贷：库存商品 8000”反映的。经济利益只能包含在财货中，经济利益的总流出只能表现为资产减少。

既然“贷：库存商品 8000”反映的是经济利益总流出，那么会计账户记录的费用“借：销售成本 8000”反映的是什么？

“销售成本”借方记录的 8000 元最终要转入“本年利润”科目，引起所有者权益减少 8000 元，因此，“借：销售成本 8000 元”记录的费用并不是反映经济利益的流出，而是反映所有者权益的减少。①

可见，费用的本质属性不是“经济利益总流出”，而应当是“所有者权益减少”。据此，可以将我国《企业会计准则——基本准则》对费用要素的定义改写为：

---

① 这段论述的详细讨论见本书“第六章 经济业务分析”。

“费用是指企业在日常活动中发生的、与向所有者分配利润无关的经济利益的总流出而引起的所有者权益减少。”

（二）对“经济利益的减少”的分析

国际会计准则将“经济利益的减少”作为费用要素的基本属性。国际会计准则也没有具体给出“经济利益”这个概念。如果“经济利益的减少”的含义是资产中包含的未来经济利益的减少，那么“经济利益的减少”就是“经济利益总流出”的不同说法而已；“经济利益的减少”就不是会计核算的“费用”的本质属性。

此处“经济利益的减少”的含义是否可以理解为企业利益相关者的利益减少？具体到费用的定义，就是所有者的经济利益减少，在会计信息系统中就是用所有者权益减少来反映。据此，将国际会计准则对费用要素的定义改写为：

“费用是指会计期间内所有者经济利益的减少，具体表现为因资产流出、资产消耗或是发生负债而引起的所有者权益减少，但不包括与对所有者分配有关的所有者权益减少。”

所有者的经济利益无非就是所有者权益体现的索取权的价值，如果企业的价值下降，所有者的经济利益也将下降。

（三）对“减少的资产或增加的负债”的分析

美国财务会计准则委员会（FASB）发布的第 6 号概念公告《财务报表的各种要素》将“减少的资产或增加的负债”作为费用的基本属性，相较于我国会计准则的“经济利益的总流出”更为直接、明了，不会引起歧义——费用是资产减少，或者负债增加。果真如此吗？

例如，我们在前面讨论过的确认销售成本的会计业务，“贷：库存商品 8000”表示 8000 元的商品流出企业，也就是销售业务引起的资产减少。如果会计账户记录的费用“借：销售成本 8000”也是反映资产的减少，那么库存商品账户和销售成本账户同时记录了资产减少，也就是资产减少在两个账户同时进行记录。这样我们就产生了一些疑问：

第一，资产减少为什么要在两个账户同时记录？既然两个账户记录的都是资产减少，复式记账不就成了重复记账？

第二，既然是重复记账，资产减少记录在资产类账户的贷方，为什么要记录在损益类账户的借方？

又如，企业计提借款利息 5000 元，确认财务费用，做如下会计分录：

借：财务费用　5000

　　贷：应付利息　5000

“贷：应付利息 5000”反映的是负债增加。如果会计记录的费用“借：财务费用 5000”也是反映负债的增加，那么应付利息账户和财务费用账户同时记录了负债的增加，也就是负债增加在两个账户同时进行记录。同样产生类似于上述的疑问：

第一，负债增加为什么要在两个账户同时记录？既然两个账户记录的都是负债增加，复式记账不就成了重复记账？

第二，既然是重复记账，负债增加记录在负债类账户的贷方，为什么要记录在损益类账户的借方？

将“减少的资产或增加的负债”作为费用的基本属性，就无法自圆其说。其根本原因是：“减少的资产或增加的负债”不是费用的基本属性，所有者权益减少才是费用的基本属性；“减少的资产或增加的负债”是导致费用产生的原因。据此可以将美国财务会计准则委员会（FASB）发布的第 6 号概念公告《财务报表的各种要素》给出的费用要素的定义改写为：

“费用是某一个主体在其持续的、主要或核心业务中，因交付或生产了货物、提供了劳务或进行了其他活动，而减少的资产或增加的负债（或二者兼而有之）而导致的所有者权益减少。”

（四）国际会计准则对费用的分类

1. 三类费用

国际会计准则列举了费用的三种表现形式：资产流出产生的费用、资产消耗产生的费用和发生负债产生的费用，故国际会计准则将费用分为三类：

第一类：资产流出产生的费用；

第二类：资产消耗产生的费用；

第三类：发生负债产生的费用。

上述例子中的“销售成本”就是资产流出产生的费用，属于第一类费用。计提管理用固定资产折旧产生的“管理费用”就是资产消耗产生的费用，属于第二类费用。

是否存在第三类费用——“发生负债产生的费用”？计提管理人员工资将产生管理费用，会计分录为“借：管理费用；贷：应付职工薪酬”。该业务在确认费用的同时，也确认了负债。那么该费用是否属于“发生负债而产生的费用”？答案是否定的。管理人员提供的服务是一种重要的经济资源，但企业在取得该资源的同时就将其消耗了，按照会计惯例并不将该资源确认为资产。因此，该费用本质上是“资源消耗产生的费用”，只不过是消耗的资源按照会计惯例没有确认为资产，因而也就没有记录该资产的消耗。同样，计提管理用房屋租金产生的“管理费用”、计提短期借款利息产生的“财务费用”都是“资源消耗产生的费用”，属于第二类费用。通过对计提管理人员的工资、计提短期借款利息等业务的分析，刘玉勋认为，第三类费用实质上是未被确认为资产的资源耗用形成的费用。① 重新审视这个观点，上述分析了形式上的第三类费用，但其本身并不是第三类费用，而是第二类费用。但是，还不能证明不存在第三类费用。只要我们能找到一个具体的业务属于第三类费用，就可以证明存在第三类费用。用列举的方法，并不能证明所有的费用都属于第一类或第二类费用。

我们考察这样一个例子：企业因违规排污，造成严重的环境污染，政府有关部门对该企业开出巨额罚单 5000 万元，要求企业在明年的 3 月 1 日前缴纳。企业收到罚单就形成了缴纳罚款的义务，该义务的形成并不是因为债权人向企业投入了财货，而是因为企业财货运动对外部环境造成了损害，而由政府强加的义务。由于总的权益没有变动，该义务的形成就必然导致剩余权益减少，即所有者权益减少。这就是第三类费用。

2. 三类费用与资本运动的关系

无论是资产流出还是资产消耗，都是财货运动，因此，第一类费用和第二类费用都是财货运动引起的费用；义务形成产生的费用，是义务形成导致的所有者权益减少，因此，第三类费用是权益运动引起的费用。

产生费用的资产流出可以分为两类：完整的财货运动、不完整的财货运动（仅仅是财货运动的一部分）。

例如，对外无偿捐赠 100 万元，向接受捐赠方支付款项，现金流出企业，形成资产流出产生的费用，现金流出企业是完整的财货运动。

又如，企业对外销售一批商品，商品成本 200 万元，向购买方交付

---

① 刘玉勋．第三类费用的性质研究．财会月刊［J］．2016（31）：50-51.

商品并收取货款 260 万元。交付商品就形成了财货流出产生的费用，但是，交付商品形式上是财货流出企业，实质上是商品转换为现金，即财货形态转换，因此，资产流出企业仅仅是财货运动的一部分，资产流入企业是财货运动的另一部分。现行会计体系将销售业务引起的财货形态转换人为地分割为资产流入、资产流出两部分，进而资产流入部分确认为收入、资产流出部分确认为费用。①

资产流出、资产消耗，导致财货价值减少，进而导致所有者权益减少，即形成了费用。除了资产流出、资产消耗以外，还有其他的财货运动也能导致财货价值减少，比如固定资产重估减值。可见，资产流出、资产消耗并不能涵盖所有的财货运动产生的费用，因此，更为严谨的费用分类是：

(1) 财货运动产生的费用：财货运动导致财货价值减少，导致所有者权益减少；

(2) 权益运动产生的费用：义务形成、义务增值导致所有者权益减少。

(五) 费用的范围比较

国际会计准则的费用概念涵盖的范围较我国的会计准则及美国的会计准则更为宽泛。我国的会计准则及美国的会计准则在费用之外，另设立了损失要素。而国际会计准则认为损失与费用的性质没有什么不同，故没有将损失作为单独的要素，即国际会计准则的费用涵盖了损失，而我国会计准则和美国会计准则的费用不包含损失。

费用与损失的基本属性是相同的，就是在资本运营期间资本运动导

---

① 由此可见，按照“配比原则”收入与费用的配比其实就是要将人为分隔出来的资产流入、资产流出还原为完整的财货循环。

致的所有者权益减少。划分费用和损失的界限，我国的会计准则及美国的会计准则采用的标准是类似的，都是按照导致费用或损失发生的经济业务的类别进行划分。

按照我国的会计准则，费用与损失的划分标准是日常活动和非日常活动，日常活动导致的所有者权益减少为费用，非日常活动导致的所有者权益减少为损失。至于如何判断企业的经济活动哪些属于日常活动、哪些属于非日常活动，没有一个简单、严格的标准，有关规定主要分散在各个具体准则之中。如果要确认费用，那么引起其发生的经济活动为日常活动；如果要确认损失，则引起其发生的经济活动为非日常活动。这就颠倒了经济活动与费用和损失的关系，在这一点上体现了会计的艺术性，而非科学性。

我国会计准则与国际会计准则费用概念的范围不同。国际会计准则的第三类费用（义务形成产生的费用），按照我国的会计准则通常是被确认为损失的。故按照我国的会计准则，不存在第三类费用，只有财货运动引起的费用。

（六）损失要素

我国《企业会计准则——基本准则》对损失要素的定义是：

“损失是指由企业非日常活动所发生的、会导致所有者权益减少的、与向所有者分配利润无关的经济利益的流出。”①

国际会计准则认为，损失与费用的性质没有什么不同，故没有将损失作为单独的要素。基于前面的分析，损失与费用主要的共同属性就是所有者权益减少。当然，损失不包括向所有者分配利润导致的所有者权

① 会计准则委员会．企业会计准则——基本准则（2014）［EB/OL］．会计准则委员会官网，www. casc. org. cn/2018/0815/125324. shtml.

益减少，也不包括所有者资本退出导致的所有者权益减少。

费用与损失的基本属性是相同的，但是，费用与损失也有显著的区别。

第一，导致其产生的经济业务不同。

费用是日常经济业务产生的，而损失是非日常经济业务产生的。前面已经述及，日常经济活动与非日常经济活动并没有一个严格的划分标准，只能在具体的准则中确认费用或损失，若确认了费用，则导致其发生的经济业务为日常经济活动；若确认了损失，则导致其发生的经济业务为非日常经济活动。

第二，经济利益总流出和经济利益流出的差别。

日常经济活动对经济及利益的影响，即经济利益流入（或经济利益流出）被人为分解为经济利益总流入、经济利益总流出。“费用”定义中的“经济利益总流出”没有涉及“经济利益总流入”对所有者权益的影响；“损失”定义中的“经济利益流出”，则是整个经济业务对所有者权益的影响。

第三，费用全部计入当期损益，而损失有一部分不通过当期损益直接计入所有者权益。

我国《企业会计准则——基本准则》第二十七条规定：“直接计入所有者权益的利得和损失，是指不应计入当期损益、会导致所有者权益发生增减变动的、与所有者投入资本或者向所有者分配利润无关的利得或者损失。”第三十八条规定：“直接计入当期利润的利得和损失，是指应当计入当期损益、会导致所有者权益发生增减变动的、与所有者投入资本或者向所有者分配利润无关的利得或者损失。”① 按照这个规定，

① 会计准则委员会．企业会计准则——基本准则（2014）[EB/OL]．会计准则委员会官网，www. casc. org. cn/2018/0815/125324. shtml.

非日常经济业务导致的所有者权益减少有两种情况，一种是计入当期损益，另一种是直接计入所有者权益。即，损失分为两类：

（1）计入当期损益的损失，称为已实现损失；

（2）直接计入所有者权益的损失，称为未实现损失。

例如，将作为存货的房地产转换为投资性房地产，其账面余额为100万元，在转换日的公允价值为85万元，其差额15万元作为直接计入所有者权益的损失。据此，做如下会计分录：

借：投资性房地产　　　　　　　　850000

　　资本公积——其他资本公积　　150000

　　贷：开发产品　　　　　　　　　　1000000

如何区分两类损失？会计准则并没有给出一个通用的标准，只能是具体业务具体分析，由具体的会计准则规定。这也是会计艺术性而非科学性的体现。

根据以上的分析，可以将我国《企业会计准则——基本准则》对损失要素的定义改写为：

“损失是指由企业非日常活动形成的、与向所有者分配利润无关的经济利益的流出导致的所有者权益减少。”

再参照国际会计准则对费用的定义，可以给出如下改进的损失定义：

“损失是指由非日常活动导致的所有者权益减少，具体包括因资产流出、资产消耗或发生负债而引起的所有者权益减少，但不包括与对所有者分配有关的所有者权益减少。”

（七）费用、损失要素定义的改进

综上所述，费用和损失要素的基本属性是资本运营期间财货运动、权益运动导致的所有者权益减少。但两者之间也存在诸多的差别：第一，费用产生于日常经济业务，而损失产生于非日常经济业务；第二，两者的经济性质有显著差异；第三，两者的会计处理方法也显著不同。故我们认为国际会计准则不严格区分费用和损失的处理方式不尽合理，而我国会计准则分别设置损失要素和费用要素。

1. 费用要素定义的改进

我们给出费用要素的改进定义：

费用是指企业日常活动中财货运动或权益运动引起的经济利益总流出导致的所有者权益减少。

对费用的这个定义给出如下几点解释。

第一，费用的最本质属性是所有者权益减少。在会计实务中，损益类科目核算的费用是所有者权益减少，会计准则是用于指导会计实务的，为此要求准则将费用的本质属性界定为所有者权益减少；费用的本质属性为所有者权益减少，在基于资本二维属性会计理论中也能够自圆其说，理论上是完备的。

第二，属于费用的所有者权益减少是受到限定的。从排除的角度来看，企业非日常活动导致的所有者权益减少不属于费用；资本退出导致的所有者权益减少也不属于费用。只有企业日常活动中的财货运动、权益运动导致的所有者权益减少才是费用。

第三，经济利益总流出与经济利益流出

经济利益流出的本质是企业净资产的减少，即财货价值减少或义务价值增加。

经济利益流出企业，可以伴随着财货流出企业，比如对外捐赠 10 万元，10 万元的现金就流出了企业；再如，企业一批库存材料因火灾毁损，价值 5 万元，无残值，即经济利益流出企业，但并没有财货流出企业，而是在企业内部毁损的。可见，经济利益流出只是经济利益减少的形象的但不太精确的表述。

一项经济业务对经济利益的影响只能是如下三者之一：①经济利益增加；②经济利益减少；③没有影响。即一项经济业务要么导致经济利益流入，要么导致经济利益流出，要么不影响经济利益，只能是三者之一。

以销售业务为例来讨论经济利益总流出与经济利益流出。销售业务引起的资本运动是财货运动，是财货运动之中的财货形态转换。例如，直接收取货款的销售业务，交付商品收取货款时，财货的形态由商品转换为现金。

这项销售业务引起的财货形态转换导致的经济利益流入（或经济利益流出）为“收取的货款-交付的商品”，这个差额大于零为经济利益流入，差额小于零为经济利益流出，差额等于零则不影响经济利益。

会计实务通常将这一资本运动分割为财货流入和财货流出：将收取现金作为财货流入企业，将交付商品作为财货流出企业，分别确认经济利益总流入和经济利益总流出，进而分别确认收入和费用。这里必须强调指出：销售业务引起的财货流入企业和财货流出企业不是两个独立的财货运动，而是财货形态转换这一资本运动的两个组成部分，商品流出企业和收取货款之间为因果关系；会计实务形成了人为地将财货形态转换分割为将收取货款作为经济利益总流入、交付商品作为经济利益总流出的惯例。

交付商品与对外捐赠引起的财货流出企业是不同的，交付商品与收取货款是因果关系，实质上是商品转换为现金，而对外捐赠流出的现金并没有与之相对应的财货流入，是财货流出企业。

由此可见，经济利益总流出和经济利益总流入是将财货形态转换引起的经济利益流入（经济利益流出）人为地分割为两部分，即：

经济利益流入（经济利益流出）= 经济利益总流入-经济利益总流出

两者之差大于零时，为经济利益流入；两者之差小于零时，为经济利益流出。

经济利益总流入、经济利益总流出在形式上反映了财货形态转换引起的经济利益变动；经济利益流入（经济利益流出）本质上反映了财货形态转换引起的经济利益变动。

我们将这个方程称为“配比方程”。配比方程右侧的经济利益总流入用于计算收入，经济利益总流出用于计算费用，收入与费用配比来计算利润。与直接用经济利益流入（经济利益流出）计算利润相比，此处用配比的方法来计算利润，可以提供更多的决策有用信息——收入和费用。

财货运动中的财货流出、财货消耗、财货减值都导致企业财货价值减少，只有经济利益流出，没有与之相关的经济利益流入，因此，这些资本运动导致的经济利益总流出就是经济利益流出。

第四，财货运动产生的费用和权益运动产生的费用。

财货运动产生的费用具体包括：财货流出、财货消耗、财货减值、财货形态转换等导致的所有者权益减少。

权益运动产生的费用具体包括：义务形成、义务增值等导致的所有者权益减少，但不包括与对所有者分配有关的所有者权益减少。“与对所有者分配有关的所有者权益减少”是资本退出导致的所有者权益减少，资本退出是有别于权益运动的另外一种资本运动，因此“权益运动产生的费用”自然就不包括“与对所有者分配有关的所有者权益减少”。

2. 损失要素定义的改进

我们给出损失要素的改进定义：

损失是指企业非日常活动中财货运动或权益运动引起的经济利益流出导致的所有者权益减少。

损失以“是否实现”① 为标准划分为两部分：已实现损失和未实现损失。

已实现损失计入当期损益，未实现损失先计入所有者权益，待以后实现时再从所有者权益转入当期损益。

是否要区分总流入、总流出与净流入、净流出?

二、对收入、利得要素定义的分析和改进

我国企业会计准则对收入的定义是：“收入是指企业在日常活动中形成的、会导致所有者权益增加的、与所有者投入资本无关的经济利益的总流入。”②

国际会计准则对收益的定义是：“收益是指会计期间内经济利益的增加，其形式表现为因资产流入、资产增值或是负债减少而引起的权益增加，但不包括与权益参与者出资有关的权益增加。”③

美国财务会计准则委员会（FASB）发布的第 6 号概念公告《财务

① 划分“是否实现”的标准，并没有一个完整的理论体系，由会计惯例形成，分散在各个具体会计准则之中。其核心要义是：导致所有者权益减少的财货价值减少或负债增加能够可靠计量，可以非常肯定所有者权益价值已经减少了，这时就认为已实现；如果导致所有者权益减少的财货价值减少不能够可靠计量，比如具有很大的不确定性，比如只是人为估计的，不能肯定所有者权益价值已经减少了，这时就认为未实现。

② 会计准则委员会．企业会计准则——基本准则（2014）[EB/OL]．会计准则委员会官网，www.casc.org.cn/2018/0815/125324.shtml.

③ 国际会计准则委员会．国际会计准则（2000）[M]．财政部会计准则委员会组织翻译．北京：中国财政经济出版社，2007：34.

报表的各种要素》给出的收入要素的定义为："一个主体在某一期间通过销售或生产货物、提供服务或来自构成该主体不断进行的主要经营活动的其他业务所形成的现金流入或其他资产的增加，或负债的清偿(或两者兼而有之)。"①

（一）对"经济利益总流入"的分析

我国会计准则将"经济利益总流入"作为收入的基本属性；美国会计准则更加具体列举了经济利益总流入的形式，包括现金流入、其他资产的增加或负债的清偿三种形式。如果"经济利益总流入"="包含经济利益的财货流入企业"，那么，将"经济利益总流入"作为收入的基本属性与会计实务相矛盾。

例如，企业销售商品，通过银行收取价款10000元，商品已经交付购货方，商品成本为8000元，按照现行的会计实务确认收入的会计分录为：

借：银行存款　　10000

　　贷：销售收入　　10000

"借：银行存款10000元"表示银行存款增加10000元，也就是销售业务引起的经济利益总流入，或者说，销售业务引起的经济利益总流入是通过"借：银行存款10000元"反映的。经济利益只能包含在财货中，经济利益的流入只能表现为资产增加或负债减少。

我们知道，"销售收入"科目贷方记录的10000元最终要转入"本年利润"科目的贷方，引起所有者权益增加10000元。因此，"贷：销售收入10000元"反映的是所有者权益的增加，而不是经济利益的流

① 魏明海，龚凯颂．会计理论（第三版）［M］．大连．东北财经大学出版社，2006：95.

入。可见，会计实务核算的收入并不是“经济利益总流入”，而是“所有者权益的增加”，收入的基本属性应当是“所有者权益增加”。

我国会计准则和国际会计准则的定义中都包含了“所有者权益的增加”，但是颠倒了“所有者权益的增加”“经济利益流入”与收入的关系。经济利益流入是因，所有者权益增加是果。收入的本质属性是所有者权益增加，而经济利益流入是导致收入产生的原因。据此，可以将我国《企业会计准则——基本准则》对收入要素的定义改写为：

“收入是指企业在日常活动中形成的、与所有者投入资本无关的经济利益总流入导致的所有者权益增加。”

（二）对“经济利益的增加”的分析

国际会计准则的收益要素涵盖了收入要素和利得要素，其基本属性为“经济利益的增加”。如果“经济利益的增加”是指“现金流入、其他资产的增加或负债的清偿”等，那么“经济利益的增加”就等同于“经济利益总流入”，国际会计准则对收入要素的定义就与我国会计准则存在同样的问题，不再赘述。

如果“经济利益的增加”是指所有者的经济利益增加，在会计信息系统中就是用所有者权益增加来反映。据此，可将国际会计准则对收益要素的定义改写为：

“收益是指会计期间内所有者的经济利益增加，具体表现为因资产流入、资产增值或是负债减少而引起的权益增加，但不包括与权益参与者出资有关的权益增加。”

（三）对“资产的增加或负债的清偿”的分析

美国财务会计准则委员会（FASB）发布的第6号概念公告《财务报表的各种要素》将“资产的增加或负债的清偿”作为收入要素的基

本属性，则更为直接明了地将“资产增加或负债减少”作为收入要素的基本属性，这样就产生了一系列混乱。

例如前面讨论过的确认销售收入的例子。“借：银行存款 10000 元”已经反映了银行存款增加 10000 元，如果“贷：销售收入 10000 元”也是反映银行存款增加 10000 元，那么银行存款账户和销售收入账户同时都反映银行存款增加，就会产生如下两个问题。

第一，资产增加为什么要在两个账户同时记录？既然两个账户记录的都是资产增加，复式记账不就成了重复记账？

第二，既然是重复记账，资产增加记录在资产类账户的借方，为什么还要记录在损益类账户的贷方？

又如，企业采取预收货款的方式销售。预收货款时，做如下会计分录：

借：银行存款　　10000

　　贷：预收账款　　10000

交付商品时，做如下会计分录：

借：预收账款　　10000

　　贷：销售收入　　10000

“借：预收账款 10000 元”反映负债减少，如果确认收入的会计分录“贷：销售收入 10000 元”也反映负债减少，那么负债减少就在两个账户同时进行了记录，就会产生如下疑问。

第一，负债减少为什么要在两个账户同时记录？既然两个账户记录的都是负债减少，复式记账不就成了重复记账？

第二，既然是重复记账，负债减少记录在负债类账户的借方，为什么还要记录在损益类账户的贷方？

将“增加的资产或减少的负债”作为收入的基本属性，就无法自圆其说。其根本原因是："增加的资产或减少的负债"是导致收入产生的原因，而不是收入的基本属性，收入的基本属性是所有者权益的增加。据此可以将美国财务会计准则委员会（FASB）发布的第6号概念公告《财务报表的各种要素》给出的收入要素的定义改写为：

"收入是一个主体在某一期间通过销售或生产货物、提供服务或来自构成该主体不断进行的主要经营活动的其他业务，所形成的现金流入或其他资产的增加或负债的清偿（或两者兼而有之）而导致的所有者权益增加。"

（四）国际会计准则对收入的分类

1. 三类收入

国际会计准则列举了收入的三种表现形式：资产流入、资产增值、负债减少产生的收入，因此，按照国际会计准则将收入分为三类：

第一类：资产流入产生的收入；

第二类：资产增值产生的收入；

第三类：负债减少产生的收入。

企业采取现金销售方式收取货款时确认的销售收入，属于第一类"资产流入产生的收入"；清理固定资产产生的利得属于第二类"资产增值产生的收入"；因债权人消失而无法支付的应付账款产生的利得，属于第三类"负债减少产生的收入"。

2. 三类收入与资本运动的关系

无论是资产流入还是资产增值，都是财货运动，因此，第一类收入和第二类收入都是财货运动引起的收入；负债减少产生的收入，是负债减少导致的所有者权益增加，因此，第三类收入是权益运动引起的收入。

产生收入的资产流入可以分为两类：完整的财货运动、不完整的财货运动（仅仅是财货运动的一部分）。

例如，企业接受无偿捐赠 120 万元，现金流入企业，形成资产流入产生的收入，现金流入企业是完整的财货运动。

又如，企业对外销售一批商品，商品成本 200 万元，向购买方交付商品并收取货款 260 万元。收取货款就形成了财货流入产生的收入，但是，收取货款只是形式上的财货流入企业，实质上是商品转换为现金，即财货形态转换，因此，现金流入企业仅仅是财货运动的一部分，商品流出企业是财货运动的另一部分。现行会计体系将销售业务引起的财货形态转换人为地分割为资产流入、资产流出两部分，进而将资产流入部分确认收入、资产流出部分确认费用。

资产流入、资产增值并不能涵盖所有的财货运动产生的收入，因此，更为严谨的收入分类是：

（1）财货运动引起的收入：财货运动导致财货价值增加，导致所有者权益增加；

（2）权益运动引起的收入：义务灭失、义务减值导致所有者权益增加。

（五）收入的范围比较

国际会计准则的收入概念涵盖的范围较我国的会计准则及美国的会计准则更为宽泛。我国的会计准则及美国的会计准则在收入之外，另设立了利得要素。而国际会计准则认为利得与收入的性质没有什么不同，故没有将利得作为单独的要素，即国际会计准则的收益涵盖了利得，而我国会计准则和美国会计准则的收入不包含利得。

收入与利得的基本属性是相同的，就是在资本运营期间资本运动导致的所有者权益增加。划分收入和利得的界限，我国的会计准则及美国的会计准则采用的标准是类似的，都是按照导致收入或利得发生的经济业务的类别进行划分。

按照我国的会计准则，收入和利得的划分标准是日常活动和非日常活动，日常经济活动导致的所有者权益增加为收入，非日常活动导致的所有者权益增加为利得。至于如何判断企业的经济活动哪些属于日常活动、哪些属于非日常活动，没有一个简单、严格的标准，有关规定主要分散在各个具体准则之中。如果要确认收入，那么引起其发生的经济活动为日常活动；如果要确认利得，则引起其发生的经济活动为非日常活动。

（六）利得要素

我国《企业会计准则——基本准则》对利得要素的定义是：

“利得是指由企业非日常活动所形成的、会导致所有者权益增加的、与所有者投入资本无关的经济利益的流入。”①

国际会计准则认为，利得与收入的性质没有什么不同，故没有将利得作为单独的要素。基于前面的分析，收入与利得的主要的共同属性就是所有者权益增加。但是，利得与收入也有显著的区别：

第一，导致其产生的经济业务不同。

收入是日常经济业务产生的，而利得是非日常经济活动产生的。前面已述及，日常经济活动与非日常经济活动并没有一个严格的划分标准，只能在具体的准则中确认收入或利得，若确认了收入，则导致其发生的经济业务为日常经济活动；若确认了利得，则导致其发生的经济业

① 会计准则委员会. 企业会计准则——基本准则（2014）［EB/OL］. 会计准则委员会官网，www. casc. org. cn/2018/0815/125324. shtml.

务为非日常经济活动。

第二，经济利益总流入和经济利益流入的差别。

日常经济活动对经济及利益的影响，即经济利益流入（或经济利益流出）被人为分解为经济利益总流入、经济利益总流出。“收入”定义中的“经济利益总流入”没有涉及“经济利益总流出”对所有者权益的影响；“利得”定义中的“经济利益流入”，则是整个经济业务对所有者权益的影响。

第三，收入全部计入当期损益，而利得有一部分不计入当期损益，直接计入所有者权益。

我国《企业会计准则——基本准则》第二十七条规定：“直接计入所有者权益的利得和损失，是指不应计入当期损益、会导致所有者权益发生增减变动的、与所有者投入资本或者向所有者分配利润无关的利得或者损失。”第三十八条规定：“直接计入当期利润的利得和损失，是指应当计入当期损益、会导致所有者权益发生增减变动的、与所有者投入资本或者向所有者分配利润无关的利得或者损失。”① 按照这个规定，利得分为两类：

（1）计入当期损益的利得，称为已实现利得；

（2）直接计入所有者权益的利得，称为未实现利得。

例如，将作为存货的房地产转换为投资性房地产，其账面余额为100万元，在转换日的公允价值为112万元，其差额12万元作为直接计入所有者权益的利得。据此，做如下会计分录：

借：投资性房地产　　　　　　112

① 会计准则委员会．企业会计准则——基本准则（2014）［EB/OL］．会计准则委员会官网，www. casc. org. cn/2018/0815/125324. shtml.

贷：开发产品　　　　　　　　　　100

　　资本公积——其他资本公积　　12

如何区分两类利得？会计准则并没有给出一个通用的标准，只能是具体业务具体分析，由具体的会计准则规定。这也是会计艺术性而非科学性的体现。

根据以上的分析，可以将我国《企业会计准则——基本准则》对利得要素的定义改写为：

“利得是指由企业非日常活动形成的、与所有者投入资本无关的经济利益流入导致的所有者权益增加。”

（七）收入、利得要素定义的改进

1. 收入要素定义的改进

综上所述，收入和利得要素的基本属性是资本运营期间财货运动、权益运动导致的所有者权益增加。但两者之间也存在诸多的差别：第一，收入产生于日常经济业务，而利得产生于非日常经济业务；第二，两者的经济性质有显著差异；第三，两者的会计处理方法也显著不同。故我们认为国际会计准则不严格区分收入和利得的处理方式不尽合理，而我国会计准则分别设置收入要素和利得要素。

1. 收入要素定义的改进

我们给出收入要素的改进定义：

收入是指企业日常活动中财货运动或权益运动引起的经济利益总流入导致的所有者权益增加。

经济利益流入的本质是企业净资产的增加，即财货价值增加或义务价值减少。

对收入的这个定义给出如下几点解释：

第一，收入的最本质属性是所有者权益增加。在会计实务中，损益类科目核算的收入是所有者权益增加，会计准则是用于指导会计实务的，为此要求准则将收入的本质属性界定为所有者权益增加；收入的本质属性为所有者权益增加，在基于资本二维属性会计理论中也能够自圆其说，理论上是完备的。

第二，属于收入的所有者权益增加是受到限定的。从排除的角度来看，企业非日常活动导致的所有者权益增加不属于收入；资本投入导致的所有者权益增加也不属于收入。只有企业日常活动中的财货运动、权益运动导致的所有者权益增加才是收入。

第三，财货运动产生的收入和权益运动产生的收入。

财货运动产生的收入具体包括：财货流入、财货增值、财货形态转换等导致的所有者权益增加。

权益运动产生的收入具体包括：义务灭失、义务减值等导致的所有者权益增加。

2. 利得要素定义的改进

我们给出利得要素的改进定义：

利得是指企业非日常活动中财货运动或权益运动引起的经济利益流入导致的所有者权益增加。

利得以“是否实现”为标准划分为两部分：已实现利得和未实现利得。

已实现利得计入当期损益，未实现利得先计入所有者权益，待以后实现时再从所有者权益转入当期损益。

已实现利得是非日常经济活动中财货运动或权益运动导致的所有者权益增加中可以直接计入当期损益的那部分。

未实现利得是不可以直接计入当期损益的利得，是非日常经济活动中财货运动或权益运动导致的所有者权益增加中不可直接计入当期损益的那部分，即暂时计入所有者权益中的那部分，待以后期间实现时再转入当期损益。

三、对利润要素定义的分析和改进

（一）利润要素定义存在的问题

我国《企业会计准则——基本准则（2014）》第三十七条对利润的表述是："利润是指企业在一定会计期间的经营成果。利润包括收入减去费用后的净额、直接计入当期利润的利得和损失等①。"②

可以肯定，会计核算的利润是可以反映企业的经营成果的；但是，经营成果未必一定就是利润。会计核算的利润可以作为企业在一定会计期间的经营成果的衡量指标，但是企业在一定会计期间的经营成果未必一定是利润，例如企业的总产值、总销售额、总产量、毛利等指标都可以作为衡量企业经营成果的指标之一。

"利润是指企业在一定会计期间的经营成果"只是提供了利润的某些特性，只是对利润信息的作用提出的要求，即要求利润在反映经营成果方面的有用性。可见，我国会计准则对利润的表述并没有告诉我们"利润是什么"，只是规定了利润的计算公式而已，还算不上是对利润要素的会计定义。

国际会计准则根本就没有将利润作为会计要素，只是认为"利润常常用来作为经营业绩的指标，或是作为其他指标如投资回报率或每股

① 该处的"等"的含义是什么？是否是计算利润的其他未列出的项目？如果答案是肯定的，则"等"代表的其他项目就是直接计入所有者权益的未实现利得和损失，这就为利润扩展为全面利润（综合收益）预留了空间。

② 会计准则委员会．企业会计准则——基本准则（2014）［EB/OL］．会计准则委员会官网，www.casc.org.cn/2018/0815/125324.shtml.

收益等的基础。与利润的计量直接相联系的要素是收益和费用。收益和费用的确认和计量，从而就是利润的确认和计量”。① 其视角只是“利润”信息的有用性，也没有给出利润的具体定义，也仅仅是给出利润的计算规则。

第三十七条中的“利润包括收入减去费用后的净额、直接计入当期利润的利得和损失等”规定了利润的计算公式，即利润的计算公式为：

利润=（收入-费用）+（直接计入当期利润的利得-直接计入当期利润的损失）+等其他

按照国际会计准则，利润的计算公式如下：

利润=收益-费用

利润的计算公式，可用于利润的计算，但并没有告诉我们“利润是什么”。

（二）利润要素定义的改进

基于我们前面对收入要素、费用要素、利得要素、损失要素的分析和改进，我们给出如下利润的定义：

利润是资本运营期间财货运动或权益运动导致的所有者权益价值变动。

资本投入或资本退出导致的所有者权益变动不是利润；所有者权益形态变动，价值没有变动，也不产生利润。

利润的计算公式为：

利润=（收入-费用）+利得-损失

① 国际会计准则委员会．国际会计准则（2000）[M]．财政部会计准则委员会组织翻译．北京：中国财政经济出版社，2007：34.

（三）利润要素的分解

由利润的计算公式，可以得到：

利润=（收入-费用）+利得-损失

=（收入-费用）+（已实现利得-已实现损失）+（未实现利得-未实现损失）

由此可以定义“日常经济业务产生的利润为核心利润”，计算公式如下：

核心利润=收入-费用

利得和损失为非日常经济业务产生的利润。

日常经济业务产生的利润与已实现的利得和损失，为已实现利润。

未实现利得和损失为未实现利润。

我们可将利润进行分解，见表 4-1。

表 4-1 利润的分解

	已实现	未实现	已实现或未实现
日常经济业务	核心利润	-	核心利润
非日常经济业务	已实现利得和损失	未实现利得和损失	利得和损失
全部经济业务	已实现利润	未实现利润	利润

利润是一个全集，就是财货运动或权益运动导致的所有者权益变动的全集。表 4-1 中间两行和两列所出现的各种利润，则是利润的子集或真子集。

各种利润之间还存在如下数量关系：

已实现利润=核心利润+已实现利得和损失（见表 4-1 的第二列）

利得和损失=已实现利得和损失+未实现利得和损失（见表 4-1 的第三行）

利润=核心利润+利得和损失（见表 4-1 的第四列）

利润=已实现利润+未实现利润（未实现利得和损失）（见表 4-1 的第四行）

而如下方程则描述了利润的基本分解和构成：

利润=（收入-费用）+已实现利得和损失+未实现利得和损失

（四）利润的新定义与基本准则的利润要素的比较

最后要特别指出：我们给出的利润要素的定义与我国会计准则对利润要素的定义有很大的差异，表现在未实现利得和损失的归属。我们提出的改进定义将未实现利得和损失归入了利润要素，而我国会计准则的利润要素是将未实现利得和损失排除在外的。因为我们认定利润要素的基本属性是财货运动或权益运动导致的所有者权益价值变动，就此而言，已实现或未实现利得和损失本质上是相同的，因此，未实现利得和损失也应包含在利润要素中。并且在第五章我们将会看到，利润表中的底线数“综合收益总额”恰好与我们提出的利润要素的改进定义是吻合的。

参考文献：

[1] 中华人民共和国财政部制定．企业会计准则（2006）[M]．北京：经济科学出版社，2006.

[2] 汤云为，钱逢迎．会计理论 [M]．上海：上海财经大学出版社，1997.

[3] 艾哈迈德·里亚希-贝克奥伊．会计理论 [M]．上海：上海财经大学出版社，2004.

[4] 马歇尔．经济学原理（上卷） [M]．北京：商务印书馆，1964.

第五章

会计报表

本章对会计的产出对象——会计报表的经济性质进行探讨。按照传统的会计理论认识会计报表的经济性质，通常认为资产负债表反映企业的财务状况，利润表反映企业的经营成果。这种认识本身没有什么错误，资产负债表可以反映企业的财务状况，利润表可以反映企业的经营成果。但作为会计信息系统的产出对象，财务状况是资产负债的本质属性吗？经营成果是利润表的本质属性吗？本章以资本二维属性理论、资本运动理论、会计对象理论和会计要素理论为基础，对会计报表的经济性质进行探讨，基本结论是：第一，资产负债表的本质属性是反映资本及资本变动；第二，利润表的本质属性是反映资本运营阶段财货运动和权益运动导致的所有者权益变动，是所有者权益变动表的一个组成部分。进而，对我国企业会计准则有关会计报表的规范进行分析评价并提出了改进建议。本章结合会计准则对会计报表的规范进行讨论。

第一节　会计报表概述

我国《企业会计准则——基本准则》第四条规定：“企业应当编制

财务会计报告（又称财务报告，下同）。财务会计报告的目标是向财务会计报告使用者提供与企业财务状况、经营成果和现金流量等有关的会计信息，反映企业管理层受托责任履行情况，有助于财务会计报告使用者做出经济决策。"① 第十章专门对财务会计报告进行了规范：财务会计报告是指企业对外提供的、反映企业某一特定日期的财务状况和某一会计期间的经营成果、现金流量等会计信息的文件。财务会计报告包括会计报表及其附注和其他应当在财务会计报告中披露的相关信息和资料。会计报表至少应当包括资产负债表、利润表、现金流量表等报表。资产负债表是指反映企业在某一特定日期的财务状况的会计报表。利润表是指反映企业在一定会计期间的经营成果的会计报表。现金流量表是指反映企业在一定会计期间的现金和现金等价物流入与流出的会计报表。附注是指对在会计报表中列示项目所做的进一步说明，以及对未能在这些报表中列示项目的说明等。②

《企业会计准则第 30 号——财务报表列报（2014）》的第二条规定："财务报表是对企业财务状况、经营成果和现金流量的结构性表述。财务报表至少应当包括下列组成部分：资产负债表；利润表；现金流量表；所有者权益（或股东权益，下同）变动表；附注。"③

一、会计报表还是财务报表

资产负债表、利润表、现金流量表和所有者权益变动表等组成的报

① 会计准则委员会．企业会计准则——基本准则（2014）［EB/OL］．会计准则委员会官网，www. casc. org. cn/2018/0815/125324. shtml.

② 会计准则委员会．企业会计准则——基本准则（2014）［EB/OL］．会计准则委员会官网，www. casc. org. cn/2018/0815/125324. shtml.

③ 会计准则委员会．企业会计准则第 30 号——财务报表列报（2014）［EB/OL］．会计准则委员会官网，https：//www. casc. org. cn/2018/0815/125303. shtml

表体系，应当统称为会计报表还是财务报表？我们对比《基本准则》、《财务报表列报准则》和上市公司的实际列报，来进行讨论。

《基本准则》认定财务报告只是财务会计报告的简称，资产负债表、利润表、现金流量表等其他报表统称为会计报表，报表附注单列。可以用如下方程简要概括：

财务会计报告（=财务报告）=会计报表（资产负债表+利润表+现金流量表+其他表）+附注

《财务报表列报准则》将附注与这四张报表合并统称为财务报表。可以用如下方程简要概括：

财务报表=（资产负债表+利润表+现金流量表+所有者权益变动表）+附注

上市公司的实际列报的四张报表以及附注等统称为财务报告，可以用如下方程简要概括：

财务报告=经审计的财务报表+财务报表附注+财务报表补充资料

方程的右侧列示的是资料信息的具体内容，大同小异，主体是相同的，就是资产负债表、利润表和现金流量表等以及附注。但是方程左侧对这些信息整体的称谓却各不相同：财务会计报告、财务报告、财务报表，实在是有点混乱。

首先应当区分报告和报表：如果回归常识和现实情况，报表应当具有表格的形式，主要应当所指的是资产负债表、利润表、现金流量表、所有者权益变动表这四张表；报告包括文字表述和报表，主要包括四张表及其附注。由此看来，《财务报表列报准则》将四张表及其附注统称为财务报表有点词不达意，既不符合《基本准则》的规定，也与上市公司的实际列报不符。

其次是资产负债表、利润表、现金流量表、所有者权益变动表这四张表的称谓问题。《基本准则》将其称为会计报表，而《财务报表列报准则》和上市公司的实际操作都将其称为财务报表。两种称谓都有合理性，会计报表突出了信息是由会计信息系统产生，是会计信息而不是其他诸如统计信息、员工信息等；财务报表则体现了这些信息在财务管理中的重要作用，突出了信息的功用。那么这四张表的标准称谓应当是什么？笔者认为在会计学科中还是应当称其为“会计报表”，这符合《基本准则》，也与会计报表的通用性相吻合，会计信息的应用并不只是局限于财务管理；上市公司实际列报依然可以称其为财务报表，约定俗成、顺其自然，也无伤大雅，也与其主要目标是向投资者传递企业财务信息吻合。

综上所述，这四张表统称为会计报表较为合适，这四张表加上附注统称为财务报告较为合适。

二、性质问题

对于会计报表，《企业会计准则——基本准则》在第一章“总则”的第四条规定：“企业应当编制财务会计报告。财务会计报告的目标是向财务会计报告使用者提供与企业财务状况、经营成果和现金流量等有关的会计信息，反映企业管理层受托责任履行情况，有助于财务会计报告使用者做出经济决策。”第十章“财务会计报告”的第四十四条规定：“财务会计报告是指企业对外提供的反映企业某一特定日期的财务状况和某一会计期间的经营成果、现金流量等会计信息的文件。财务会计报告包括会计报表及其附注和其他应当在财务会计报告中披露的相关信息和资料。会计报表至少应当包括资产负债表、利润表、现金流量表等报表。”第四十五条规定：“资产负债表是指反映企业在某一特定日期的财务状况的会计报表。”第四十六条规定：“利润表是指反映企业在一定会计期间的经营成果的会计报表。”第四十七条规定：“现金流量表是指反映企业在一定会计期间的现金和现金等价物流入和流出的会计报表。”①

企业会计准则第一章的第四条，是要求将会计报表（财务会计报告）作为会计产出对象，并且以“财务会计报告的目标”的形式，对会计报表的功能提出要求。第十章是对各会计报表的功能提出具体要求，第四十五条规定“资产负债表”的功能是反映企业的财务状况；第四十六条规定“利润表”的功能是反映企业的经营成果；第四十七条规定“现金流量表”的功能是反映企业的现金和现金等价物流入与流出。

资产负债表的性质是什么？这个问题也即负债表提供的信息反映的是什么？按照我国会计准则，资产负债表反映的是企业财务状况，但是何谓“企业的财务状况”？我国的会计准则并没有对“企业的财务状况”给予界定。

比如企业的盈利能力、企业的偿债能力、企业的筹集资金能力、企业的流动比率、速动比率、财务杠杆、现金水平、固定资产水平，哪一项不含有财务状况信息？这些指标都可以从某一特定侧面反映企业的财务状况，这些信息都是反映财务状况的信息，但这些信息并不是资产负债表所提供的信息。

资产负债表可以反映企业的财务状况，其他信息也可以反映企业的财务状况，因此，资产负债表并不能反映企业财务状况的全部，资产负债表只能反映企业财务状况的一部分。那么就要回答“资产负债表反映的是企业财务状况哪一部分”的问题，其实就是要直接回答资产负

① 会计准则委员会．企业会计准则——基本准则（2014）［EB/OL］．会计准则委员会官网，www. casc. org. cn/2018/0815/125324. shtml.

债表反映的是什么？可见以“企业的财务状况”作为答案就过于宽泛了。这就如同一个患者拿到了体检报告，发现血压超过了标准值，询问医生“血压超过标准意味着什么”？医生回答：“血压反映你的健康状况，血压超标说明你有健康问题。”这样的回答没有错误，但不够专业，因为你没有听到你想听的。为此，为了认识会计产出对象，我们应当探讨作为会计主要产出对象之一的资产负债表的性质，即资产负债表反映的是什么？

按照我国会计准则，利润表反映企业的经营成果，但是，我国会计准则并没有给出经营成果的概念。利润是企业的经营成果，其他诸如企业开发出的新产品、企业申请的专利、企业的销售收入、企业新增加的生产能力，等等，哪一项不是企业的经营成果？可见，用反映经营成果作为利润表的性质也过于宽泛。为了认识作为会计产出对象之一的利润表的性质，应当清楚地界定经营成果的概念。

按照《基本准则》的规定，资产负债表是指反映企业在某一特定日期的财务状况的会计报表，利润表是指反映企业在一定会计期间的经营成果的会计报表，现金流量表是指反映企业在一定会计期间的现金和现金等价物流入与流出的会计报表。由于财务状况和经营成果都过于宽泛，没有确切地揭示资产负债表和利润的经济性质，本章以下部分将着重讨论会计报表的经济性质。

第二节 资产负债表的性质

首先对资产负债表的名称演变进行梳理。从资本二维属性的视角将企业抽象为一项资本，在此基础上认识到资产负债表所提供的是有关企业资本的信息，故将资产负债表更名为“资本表”可以更为准确地反映其所提供的信息。

一、资产负债表名称的演变

随着会计理论的发展和会计实务的完善，资产负债表的名称也在不断地变化。在会计的早期阶段，资产负债表也被称为财务表、资财及负债表、资产负债与资本表等。“财务表”体现了资产负债表的功能和作用，反映企业的财务状况；“资财及负债表”比较接近资产负债表，这与早期企业规模较小、所有者权益较为简单，而资产和负债信息更为重要的情况相吻合；“资产负债与资本表”则是企业规模发展到一定阶段，所有者权益日渐丰富和复杂，所有者权益的信息日渐重要的体现，这个名称中涵盖了组成资产负债表的三个要素。

20 世纪初起资产负债表被定名为“Balance Sheet”。我国会计界将“Balance Sheet”翻译为资产负债表，这一名称在我国被长期沿用，早已约定俗成。英文 Balance，本身具有“平衡”和“余额”两种含义，因此，“Balance Sheet”直译成汉语应当是“平衡表”或“余额表”。平衡表对应的是账户式资产负债表，就是按照“T”型账户形式设计，根据“资产=负债+所有者权益”这一等式，将资产列在左边，负债和所有者权益列在右边，左右双方总额相等，也即左右两边保持平衡，这正是将资产负债表称为“平衡表”的原因。余额表对应的是报告式资产负债表，即根据“资产-负债=所有者权益”，垂直列示资产、负债和所有者权益项目。所有者权益是资产减去负债后的余额，另外，编制该表所用数据源于资产、负债和所有者权益各总分类账户在某一特定日期的余额，这正是将其称为“余额表”的缘由。平衡表或余额表是按照报表的形式来命名的，其名称只是反映了报表的形式，并没有涉及报表的本质。资产负债表是按照报表所提供的信息类别来命名的，即该报表提供资产、负债的信息。但是资产负债表不仅提供资产和负债的信息，还提供了所有者权益的信息。由此看来，资产负债表更为贴切的名称应当是“资产负债及所有者权益表”，这样才可以涵盖其所提供的全部信息类别。

而今出现了将平衡表（Balance Sheet）更名为财务状况表（Statement of Financial Position）的趋势，如FASB在其概念框架研究中就不再使用平衡表而改为财务状况表了。财务状况表是按照报表所提供的信息来命名的，即该报表提供的是有关企业财务状况的信息。《企业会计准则——基本准则》第四十五条规定：“资产负债表是指反映企业在某一特定日期的财务状况的会计报表。”什么是财务状况？通常认为，财务状况就是资产、负债和所有者权益的构成及其相互关系的状况。例如企业的盈利能力、偿债能力、筹资能力、支付能力等，是可以反映财务状况的。但是，资产负债表本身并没有直接提供有关这些能力的信息，而是要通过对各种会计报表及其他信息的加工、分析才能获取。可见，资产负债表提供的信息与企业的财务状况相关，但并不是企业财务状况的直接信息。财务状况表也没有反映资产负债表的本质属性。

资产负债表的名称演变，由平衡表或余额表到资产负债表，再到财务状况表，实质上体现了人们对该表性质认识的不断深入：平衡表或余额表—认识到了该报表提供信息的外在形式，资产负债表—认识到了该报表提供信息的类别，而财务状况表进一步触及了该报表提供信息的性质。

资产负债表提供的是有关企业财务状况的信息，这种观点是不准确的。我们能否得到对资产负债表的性质的更深刻的认识？以下部分将对此进行探讨。

二、基于资本二维属性的资产负债表的性质

按照我们建立的资本二维属性理论，资本是一个增值过程。企业是一个典型的增值过程，企业是一个资本。财货和索取权是资本最重要的二维属性。

股东和债权人将财货投入企业形成企业的资产，同时股东和债权人也获得各自的增值索取权，即所有者权益为股东的增值索取权，企业承担的义务为债权人的增值索取权。企业的资产成为企业资本的第一维属性，股东的权利和债权人的权利成为企业资本的第二维属性。

资产负债表左侧的资产所反映的是企业资本的第一维属性——财货；资产负债表右侧的权益反映的是企业资本的第二维属性——增值索取权；整个资产负债表则反映了企业资本，或者说，企业资本的二维属性。

似乎将资产负债表更名为"资本表"，可以更为准确地反映资产负债表所提供信息的性质，即资产负债表提供的是有关企业资本的信息。

某一特定日期的资产负债表反映的是企业资本在这一时点的状态，可将其称为静态资本表；比较资产负债表则反映了企业资本在这两个时点之间的变化，可将其称为动态资本表。

第三节 利润表的性质

本节结合企业会计准则对利润表的规范①②，对利润表的性质进行探讨。

一、准则对利润表的规范

《财务报表列报准则》的第三十一条规定，利润表至少应当单独列示反映下列信息的项目：

（一）营业收入；

（二）营业成本；

（三）营业税金及附加；

（四）管理费用；

（五）销售费用；

（六）财务费用；

（七）投资收益；

（八）公允价值变动损益；

（九）资产减值损失；

（十）非流动资产处置损益；

① 会计准则委员会．企业会计准则第30号——财务报表列报（2014）［EB/OL］．会计准则委员会官网，www. casc. org. cn/2018/0815/125303. shtml

② 会计准则委员会．关于修订印发2019年度一般企业财务报表格式的通知（财会〔2019〕6号）［EB/OL］．会计准则委员会官网，https：//www. casc. org. cn/2019/0517/189624. shtml 附件2 一般企业财务报表格式（适用于已执行新金融准则、新收入准则和新租赁准则的企业）．pdfhttp：//upload. news. esnai. com/2019/0517/1558061233347. pdf

（十一）所得税费用；

（十二）净利润；

（十三）其他综合收益各项目分别扣除所得税影响后的净额；

（十四）综合收益总额。

第三十二条　综合收益，是指企业在某一期间除与所有者以其所有者身份进行的交易之外的其他交易或事项所引起的所有者权益变动。综合收益总额项目反映净利润和其他综合收益扣除所得税影响后的净额相加后的合计金额。

第三十三条　其他综合收益，是指企业根据其他会计准则规定未在当期损益中确认的各项利得和损失。

第四十条　企业应当在附注中披露下列关于其他综合收益各项目的信息：

（一）其他综合收益各项目及其所得税影响；

（二）其他综合收益各项目原计入其他综合收益、当期转出计入当期损益的金额；

（三）其他综合收益各项目的期初和期末余额及其调节情况。

《财务报表列报准则》对利润的规范涉及四个重要概念：净利润、其他综合收益、综合收益和当期损益。在列报准则中给出了其他综合收益和综合收益的定义，但是没有给出净利润和当期损益的定义。明确这四个概念之间的逻辑关系，对于理解利润表和明确利润表的经济性质是必要的。以下将对此展开讨论。

二、对利润表性质的探讨

(一) 对综合收益的定义及其性质的探讨

综合收益是利润表的底线数，是利润表的最终的计算结果。《财务报表列报准则》的第三十二条从两个方面对综合收益进行了规范，其一是综合收益的定义，其二是综合收益总额的计算。

按照综合收益的定义，综合收益是所有者权益变动集合的一个子集。所有者权益变动集合可以分为两个集合：其一，企业与所有者以其所有者身份进行的交易引起的所有者权益变动，这个集合不属于综合收益；其二，其他的交易或事项引起的所有者权益变动，这个集合属于综合收益。

例如，所有者向企业投入资产获取企业的股权，这是所有者向企业投入股权资本，由此引起的所有者权益变动不属于综合收益；向所有者分配现金股利，这是股权资本退出企业，由此引起的所有者权益变动也不属于综合收益；向所有者分配股票股利，不导致所有者权益的金额变动，只是改变所有者权益的内部构成，是所有者权益形态内部转换，故不属于综合收益。企业对外销售商品导致的所有者权益变动，属于综合收益；企业因推销商品发生的广告费用，属于综合收益。

所有者以其所有者身份进行的交易，无非就是所有资本投入或者所有资本退出；所有者以其所有者身份进行的交易之外的其他交易或事项(并且可以导致所有者权益变动的)，无非就是财货运动或权益运动。因此，《财务报表列报准则》的第三十二条定义的综合收益与我们给出的利润要素的改进定义的本质属性是一致的，差别只是形式的。《财务报表列报准则》的第三十二条以交易或事项作为所有者权益变动的起因，而我们的改进定义则是以资本运动为起因；交易或事项、资本运动、所有者权益变动之间依次存在因果关系。因此，我们提出的利润要素的改进定义，更为深刻地阐述了利润要素的本质属性。

综合收益与我们给出的利润要素的改进定义一致，或者说，综合收益就是（改进的）利润要素在利润表上的具体体现。

（二）对当期损益、净利润的定义及其性质的探讨

我国会计基本准则在定义直接计入所有者权益的利得和损失，直接计入当期利润的利得和损失时用到了当期损益这个概念，《财务报表列报准则》在定义其他综合收益时也用到了当期损益这个概念。可见当期损益是一个重要的会计概念。但是，会计准则体系中并没有当期损益的定义。当期损益是什么？在此进行一番探讨。

从会计实务的角度来考察，会计核算的当期损益就是损益类科目核算的内容，更进一步来说，就是损益类科目核算的本期发生额。可以将会计实务核算的当期损益归纳为如下计算公式：

当期损益=（收入-费用）+（已实现利得-已实现损失）+（在本期实现的未实现利得-在本期实现的未实现损失）

回顾利润①的计算公式：

利润=（收入-费用）+（已实现利得-已实现损失）+（未实现利得-未实现损失）

我国会计基本准则定义的利润=（收入-费用）+（已实现利得-已实现损失）

由此可见，我国会计基本准则定义的利润要素，既不同于利润要素，也不同于当期损益。或者说，利润表并没有反映我国会计基本准则

① 除非特别限定，凡是“利润要素”均指我们所提出的改进的利润要素。

定义的利润要素。因此，会计要素作为“会计报表要素”，我国会计基本准则定义的利润要素确实是需要改进的，这也佐证了我们提出利润要素改进定义的必要性。

将当期损益与利润进行比较可以发现：

第一，两者相同部分是“收入-费用”“已实现利得-已实现损失”；

第二，属于利润的“未实现利得-未实现损失”不属于当期损益；

第三，计入所有者权益的“未实现利得-未实现损失”，在其实现时，计入实现当期的损益。

第四，“在本期实现的未实现利得-在本期实现的未实现损失”属于当期损益，但不属于（当期）利润，因为已经计入了以往期间的利润。

综上所述，当期损益由三部分构成：①收入-费用；②已实现利得-已实现损失；③以往计入所有者权益的“未实现利得-未实现损失”在本期实现的部分，即“在本期实现的未实现利得-在本期实现的未实现损失”。

需要特别指出，“在本期实现的未实现利得-在本期实现的未实现损失”是当期损益，但不是利润，只是所有者权益形态的转换，由“未实现利得和损失”转换为“已实现的利得和损失”。

《财务报表列报准则》的第三十一条规定的利润表中的净利润，是当期损益在利润表中的具体体现，或者说，利润表中的净利润只是当期损益，不是利润，综合收益才是利润。

（三）对其他综合收益的定义及其性质的探讨

依据《财务报表列报准则》的第三十三条，其他综合收益的定义是“企业根据其他会计准则规定未在当期损益中确认的各项利得和损失”。“未在当期损益中确认的各项利得和损失”是利得和损失中未实现的部分，也即利润计算公式中的第三部分“未实现利得-未实现损失”。这个定义是不完整的。

往期已经发生的计入所有者权益的未实现利得和损失，在本期实现的部分，已经计入了当期损益，这将导致未实现利得和损失的减少。结合对会计实务的考察，实际核算的其他综合收益为：

其他综合收益=（未实现利得-未实现损失）-（在本期实现的未实现利得-在本期实现的未实现损失）

其他综合收益的构成由两部分组成：

第一，“未实现利得-未实现损失”是本期发生的未实现利得和损失，即未实现利得和损失的本期增加额；

第二，“在本期实现的未实现利得-在本期实现的未实现损失”是往期未实现利得和损失在本期实现，导致的未实现利得和损失减少额；

第三，两者的差额反映的是未实现利得和损失本期净变动额。

由此给出其他综合收益的改进定义：

其他综合收益为计入所有者权益的未实现利得和损失的净变动额。

综合收益=净利润+其他综合收益

=［（收入-费用）+（已实现利得-已实现损失）+（在本期实现的未实现利得-在本期实现的未实现损失）］

+［（未实现利得-未实现损失）-（在本期实现的未实现利得-在本期实现的未实现损失）］

=（收入-费用）+（已实现利得-已实现损失）+（未实现利得-未实现损失）

=（收入-费用）+利得-损失

=利润

由此可见，综合收益与利润是相等的。利润表将综合收益分解为净利润（即当期损益）、其他综合收益两部分，而在净利润中增加了、在其他综合收益中又扣除了不属于利润的“在本期实现的未实现利得-在本期实现的未实现损失”，一增一减相互抵消，并没有影响正确计算利润。

参考文献：

[1] 中华人民共和国财政部制定．企业会计准则（2006）[M]．北京：经济科学出版社，2006.

[2] 汤云为，钱逢迎．会计理论 [M]．上海：上海财经大学出版社，1997.

[3] 艾哈迈德·里亚希-贝克奥伊．会计理论 [M]．上海：上海财经大学出版社，2004.

第六章

经济业务分析

经济业务导致资本运动，资本运动导致资本变动，经济业务和资本运动为会计投入对象，资本及资本变动为会计产出对象，会计要素和会计报表则用于反映资本及资本变动。本章运用这一逻辑关系对经济业务进行分析，探讨经济业务的会计处理（会计分录）的经济含义，以及现有会计处理方法的缺陷并提出改进建议。将基于资本二维属性的会计理论运用于经济业务分析，显示了该理论具有比较强的解释能力。

本章分析了现金销售业务引起的资本运动，实质上是财货形态转换，财货由产品形态转换为现金形态；但现行会计实务将现金销售业务引起的资本运动人为地分割为财货流出和财货流入两项资本运动。

本章分析了固定资产清理科目的性质，发现固定资产清理这个科目是非常特殊的，兼有资产类科目和损益类科目的性质。该科目在资产负债表日的余额包括三个部分：资产、未实现损失、已实现利得或损失。因此，将其在资产负债日的余额全部列入固定资产项目在资产负债表列报是不合理的，进而提出应根据余额的性质分类进行列报的建议。

本章分析了获得和使用借款业务的经济性质。获得和使用借款业务实质上是资金使用权交易，获得借款实质上是获得资金使用权，使用借款实质上是对资金使用权的耗用。计提借款利息业务实质上包括两项资本运动：一是债权资本投入。债权人将资金使用权投入企业，获取企业的债权，形成了企业应付利息义务，应付利息则是企业获得资金使用权的成本；二是资金使用权的消耗。资金使用权这种财货不能储存，在获得的同时就随着时间而流逝，资金使用权的消耗形成了企业的费用或成本。现行会计实务没有完整反映这两项资本运动，而是对销了资金使用权的取得和消耗。本章进一步分析了未确认融资费用科目的性质。未确认融资费用是未来期间将要发生的费用，不符合任何会计要素的定义，不符合确认标准，故不应当将其确认为未确认融资费用。分析发现，长期应付款（总价款）与长期应付款的价值的差额不是未确认融资费用，而是待确认应付利息，因此建议设置待确认应付利息科目，以核算待确认应付利息，该科目作为长期应付款科目的调整科目，两科目共同核算出长期应付款的价值。

本章分析了递延收益的经济性质。递延收益不能导致经济利益流出企业，不符合负债的定义，故将递延收益确认为负债是错误的。分析认为，递延收益是未实现的利得，作为未实现的利得其余额应当在资本公积中列报。

本章分析了职工薪酬业务。与职工薪酬有关的经济业务有三笔：第一，获取职工的服务；第二，职工服务的使用；第三，职工薪酬的支付。获取职工服务引起的资本运动是资本投入（债权资本投入）；职工服务的使用引起的资本运动是财货运动，而且生产工人服务的使用引起的资本运动为财货形态转换，公司管理人员服务的使用引起的资本运动为财货消耗；职工薪酬的支付引起的资本运动为债权资本退出。由于职工服务这种财货的特殊性，在获取的同时就被使用，因此，现行会计实务并不单独确认职工服务，而是将第一笔业务和第二笔业务合并为一笔，对销了职工服务的获得和使用。本章还对生产工人的服务、公司管理人员的服务的会计处理进行了比较，生产工人的服务增加了产品的价值，而公司管理人员的服务产生的是费用，减少了公司利润，这就出现了减少管理人员的服务可以增加利润的悖论。其根源在于，会计信息系统只反映了管理服务的使用产生的管理费用，没有单独反映管理服务产生的价值。

本章分析了长期待摊费用的经济性质。按照会计制度的规定，长期待摊费用是已经发生但应由本期和以后各期负担的分摊期限在 1 年以上的各项费用；长期待摊费用作为资产在资产负债表中列报。已经发生的费用应当计入当期损益，应当在利润表中列报；由以后各期负担的费用是尚未发生的发用，不符合任何会计要素的定义，不应当确认。对于诸如固定资产改良支出，提高了固定资产的使用价值，形成了资产，而不是费用。因此，长期待摊费用科目核算的不是费用，而是资产。建议设置长期待摊资产科目替换长期待摊费用科目。

第一节　资金筹集和资金退出业务分析

一、股权资金筹集业务分析

例 1：2020 年 1 月 10 日，甲、乙、丙、丁四方共同设立同创股份有限公司（以下简称“同创公司”）。各方投入的资产、投入资产的价值以及在同创公司中所占股份的份额列于表 6-1 中。同时假定同创公司的实收资本总额为 5000 万元。

表 6-1　同创公司初始资金筹集

投资者	投入资产	投入资产价值（万元）	获得股权份额（%）
甲	银行存款	1200	20
乙	原材料	600	10
丙	固定资产	3000	50
丁	长期股权投资	1200	20
合计		6000	100

经济业务分析：本例中，同创公司初始资金筹集业务导致的资本运动是“资本投入”，进一步细分类为“股权资本投入”；资本投入导致的资本变动是“资本增加”，即财货增加和所有者权益增加，而且所有者权益增加是缘于财货增加，财货增加是主动的，而所有者权益增加是被动的，财货的变动决定所有者权益的变动。

各投资方投入资产对所有者权益的影响分解为两部分：实收资本和资本溢价。依据同创公司的注册资本 5000 万元和各投资方所占股份，可计算出各投资方对所有者权益的影响，列于表 6-2。

表 6-2　初始资金筹集对所有者权益的影响

投资者	投入资产	投入资产价值（万元）	获得股权份额（%）	实收资本（万元）	资本公积——资本溢价（万元）
甲	银行存款	1200	20	1000	200
乙	原材料	600	10	500	100
丙	固定资产	3000	50	2500	500
丁	长期股权投资	1200	20	1000	200
合计		6000	100	5000	1000

据此进行如下会计处理：

（1）收到甲投入的货币资金1200万元

借：银行存款　　　　　　　　1200

　　贷：实收资本　　　　　　　　　1000

　　　　资本公积——资本溢价　　　200

（2）收到乙投入的原材料600万元

借：原材料　　　　　　　　　600

　　贷：实收资本　　　　　　　　　500

　　　　资本公积——资本溢价　　　100

（3）收到丙投入的固定资产3000万元

借：银行存款　　　　　　　　3000

　　贷：实收资本　　　　　　　　　2500

　　　　资本公积——资本溢价　　　500

（4）收到丁长期股权投资1200万元

借：银行存款　　　　　　　　1200

　　贷：实收资本　　　　　　　　　1000

　　　　资本公积——资本溢价　　　200

会计分录分析：借方反映的是财货投入企业（企业财货增加），贷方反映的是所有者权益增加，借贷双方共同反映的是资本增加；借方反映的是所有者权益增加的原因，贷方反映的是财货增加导致的结果，即财货增加是因，所有者权益增加是果；引起资本增加的资本运动是股权资本投入。

二、债务资金筹集业务分析

例2：同创公司向银行申请长期借款扩建生产线，借款本金1000

万元，期限3年，年利率为8%，本息到期支付，于2020年2月1日拨入公司银行账户。

经济业务分析：本例中，同创公司的债务资金筹集业务导致的资本运动是“资本投入”，进一步细分类为“债权资本投入”；资本投入导致的资本变动是“资本增加”，即财货增加和负债增加，而且负债增加是缘于财货增加，财货增加是主动的，而负债增加是被动的，财货的变动决定负债的变动。

据此做如下会计分录：

借：银行存款　　1000

　　贷：长期借款　1000

会计分录分析：借方反映的是财货投入企业，货币资金增加，贷方反映的是负债增加，借贷双方共同反映的是资本增加；借方反映的是负债增加的原因，贷方反映的是货币资金增加导致的结果，即财货增加是因，负债增加是果；引起资本增加的资本运动是债权资本投入。

三、股权资金退出业务分析

例3：中科世纪股份有限公司按法定程序报经批准，采用收购本公司股票方式减少注册资本。2020年1月10日，支付5800万元收购1000万股本公司股票。股票面值为1元，账面余额为8.8元。2020年1月20日注销库存股。

采用回购并注销本公司股票的方式减少注册资本，引起的资本运动显然是“资本退出”，进一步细分类为“股权资本退出”。然而，回购本公司股票、注销回购的股票通常间隔一定的时间，会计实务将该业务分为两项经济业务：回购本公司股票和注销库存股。

经济业务分析：

投资者在市场中购买股票，其购买的股票是资产，其引起的资本运动是财货运动，进一步细分类为“财货形态转换”，即由货币资金转换为股票。回购本公司的股票引起的资本运动则是“资本退出”，进一步细分类为“股权资本退出”；回购本公司的股票导致企业的货币资金减少，因负债没有发生变化，财货减少必然导致所有者权益减少。

注销库存股引起的资本运动是“权益运动”，进一步细分类为“权益形态转换”，即所有者权益由“库存股”转化为“股本”“股本溢价”等。

据此进行如下会计处理：

（1）2020 年 1 月 10 日，回购本公司股票

借：库存股　　　　5800

　　贷：银行存款　　5800

（2）2020 年 1 月 20 日，注销库存股

借：股本　　　　　　　　　1000

　　资本公积——股本溢价　4800

　　贷：库存股　　　　　　　5800

会计分录分析：分录（1）中，库存股账户借方记录的是因股权资本退出导致的所有者权益减少；分录（2）中，库存股贷方记录的是因股权资本退出导致的所有者权益减少的分配转出；分录（2）中，借方反映了所有者权益减少的分配转出，即股本减少 1000 万元、资本公积——股本溢价减少 4800 万元。分录（1）反映的是回购股票引起的股权资本退出导致的货币资金和所有者权益减少；分录（2）反映的是注销库存股引起的权益运动导致的所有者权益形态转换。

四、债务资金退出业务分析

例 4：中科世纪股份有限公司 2020 年 1 月 14 日购入材料一批，材料已验收入库，发票账单载明应付价款为 320 万元，款项尚未支付，应付账款的账期为 30 天，2 月 13 日支付购货款 320 万元。

经济业务分析：本例包含两笔经济业务：赊购原材料、支付购货款项。赊购原材料业务导致企业的财货增加，同时形成了付款的义务，该项经济业务引起的资本运动是“资本投入”，供货方向中科世纪股份有限公司提供了债务资金，即债权资本投入。支付购货款业务导致现金流出企业，以了结还本公司承担的付款义务，可见该业务引起的资本运动为“资本退出（债权资本退出）”。据此进行如下会计处理：

（1）2020 年 1 月 14 日购入原材料

借：原材料　　　　320

　　贷：应付账款　　320

（2）2020 年 2 月 13 日支付购货款项

借：应付账款　　　320

　　贷：银行存款　　320

会计分录分析：分录（1）反映了债权资本投入引起的财货增加和负债增加，财货增加是因，负债增加是果；分录（2）反映了债权资本退出引起的财货减少和负债减少，财货减少是因，负债减少是果。

第二节　销售业务分析

将销售业务分为三类：①现金销售；②赊销；③预收货款销售，就这三种情形分别进行分析。

一、现金销售业务分析

例5：同创公司2020年3月2日向甲公司销售商品一批，同时收取货款53万元，该批商品的成本为40万元。

经济业务分析：该例中的现金销售业务实质上就是库存商品转换为现金，故现金销售业务引起的资本运动是“财货运动（财货形态转换）”，该资本运动引起的资本变动为：①财货形态变动，由库存商品转换为现金；②资本增值，财货价值由40万元增加到53万元，增加了13万元，由此引起所有者权益增加13万元，即发生了资本增值。财货价值增加是因，所有者权益增加是果。

据此做如下会计分录：

借：银行存款　　53

　　贷：库存商品　　40

　　　　本年利润①　　13

会计分录分析：

在该分录中，“贷：库存商品”反映库存商品减少，“借：银行存款”反映银行存款增加，两者综合起来反映库存商品转换为银行存款；银行存款价值53万元，库存商品价值40万元，两者之差反映了企业财货价值上升13万元，从而导致所有者权益增加13万元，用“贷：本年利润13万元”反映。可见该分录反映了财货形态转换和资本增值两种

① 现行会计制度中的“本年利润”科目是用于归集损益类科目中收入、费用、利得和损失。此处的“本年利润”科目设定为归集本期产生的利润，而利润是指本书所提出的改进的利润要素，即在日常经济活动中财货运动或权益运动导致的所有者权益增加（减少）。

资本变动。

然而，现行会计实务对该业务的会计处理是分为三笔分录：

（1）确认销售收入

借：银行存款　　53

　　贷：商品销售收入　53

（2）结转销售成本

借：销售成本　　40

　　贷：库存商品　　40

（3）结转收入和费用到本年利润

借：商品销售收入　53

　　贷：库存商品　　40

　　　　本年利润　　13

如何理解现行会计实务对销售业务会计处理的内在逻辑？我们借助图 6-1 给予解释。图 6-1 中的实箭头线是真实反映的现金销售业务引起的资本运动——财货形态转换；虚箭头线是现行会计实务虚拟的资本运动。现行的会计实务将现金销售业务引起的资本运动，虚拟为两项资本运动：其一是库存商品流出企业，其二是现金流入企业。现金销售业务引起的库存商品流出、现金流入并不是独立的资本运动，库存商品流出是导致现金流入的原因，两者之间存在因果关系，库存商品是财货形态转换的起点，现金是财货形态转换的终点。

会计分录分析：分录（1）反映的是现金流入导致的所有者权益增加；分录（2）反映的是库存商品流出导致的所有者权益减少；分录（3）则反映了现金流入、库存商品流出对所有者权益的综合影响。

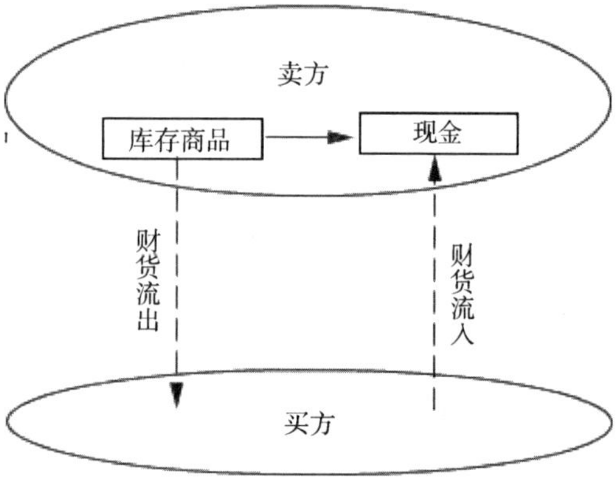

图 6-1 现金销售业务引起的资本运动

二、赊销业务分析

例 6：同创公司 2020 年 3 月 27 日向乙公司赊销商品一批，双方约定付款期限为 20 天，商品已经交付乙公司，应收货款 35 万元，该批商品的成本为 25 万元。4 月 14 日收到货款。

经济业务分析：该例中的赊销业务包含两项资本运动。

赊销时，为财货形态转换，该资本运动引起的资本变动为：①财货形态变动，由库存商品转换为应收账款；②资本增值，财货价值由 25 万元增加到 35 万元，增加了 10 万元，由此引起所有者权益增加 10 万元。

收取货款时，再一次财货形态转换，由应收账款转换为现金。

据此做如下会计分录：

（1）2020 年 3 月 27 日，记录赊销业务引起的库存商品转换为应收账款和所有者权益增加

借：应收账款　　35

贷：库存商品　25

　　本年利润　10

（2）2020 年 4 月 14 日收到货款，记录应收账款转换为现金

借：银行存款　35

　贷：应收账款　35

然而，现行会计实务对赊销业务的会计处理是分为如下四笔分录：

（1）确认销售收入

借：应收账款　53

　贷：商品销售收入　53

（2）结转销售成本

借：销售成本　40

　贷：库存商品　40

（3）结转收入和费用到本年利润

借：商品销售收入　53

　贷：库存商品　40

　　本年利润　13

（4）收取货款

借：银行存款　35

　贷：应收账款　35

如图 6-2 所示，现行会计实务将赊销业务中的库存商品转换为应收账款，虚拟为库存商品流出企业和应收账款流入企业，也就是将财货形态转换一项资本运动虚拟为财货流入和财货流出两项资本运动，其结果是将所有者权益变动分解为收入和费用两部分。这种处理方式的优点是：收入中蕴含着“经济利益总流入”信息，费用中蕴含着“经济利益总流出”信息，而收入与费用的配比恰好等于所有者权益变动。

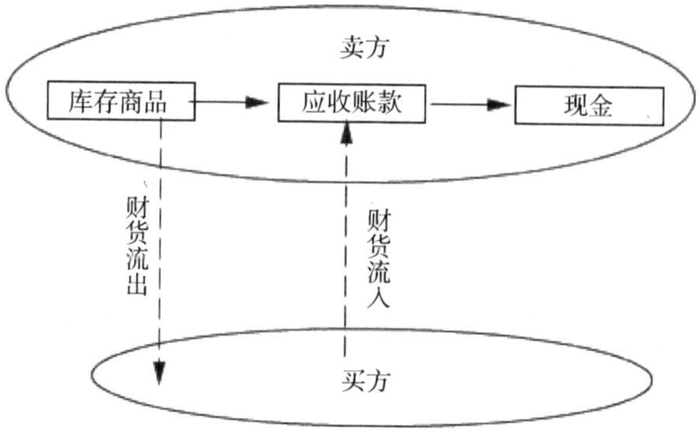

图 6-2 赊销业务引起的资本运动

三、预收货款销售业务分析

例 7：同创公司 2020 年 3 月 30 日向丙公司销售商品一批，签订合同时预收货款 40 万元，双方约定商品交付期限为 60 天。5 月 29 日交付商品，该商品的账面成本为 28 万元。

按照现行会计惯例，本例应进行如下会计处理：

（1）2020 年 3 月 30 日，预收货款

借：银行存款　　40

　　贷：预收账款　　40

（2）5 月 29 日，交付商品，确认收入

借：预收账款　　40

　　贷：销售收入　　40

（3）5 月 29 日，交付商品，结转销售成本

借：销售成本　　28

　　贷：库存商品　　28

会计分录分析：

分录（1）借方反映了货币资金增加，贷方反映了丙公司向企业预付货款形成的负债，整个分录反映了债权资本投入。

分录（2）借方反映预收账款减少，贷方反映收入增加，现行会计实务通常将本例的收入解释为“负债减少产生的收入”，然而这个分录存在一个严重的问题——没有反映负债减少的原因。显然，负债减少的原因是向丙公司交付了商品，但是，上述三笔会计分录并没有反映交付商品与负债减少之间的因果关系。

经济业务分析：如图 6-3 所示，本例中的预收货款销售业务实质上包含三项资本运动：第一，资本投入（债权资本投入）；第二，财货运动（财货增值）；第三，资本退出（债权资本退出）。

预收货款业务引起的资本运动为债权资本投入；交付商品业务引起的资本运动为债权资本退出。交付的商品偿付了 40 万元的负债，这证明了账面成本为 28 万元的商品的价值为 40 万元，证明了该批商品的价值上升了 12 万元，即财货增值 12 万元，进而证明了所有者权益增值 12 万元。概括来说，交付商品证明了财货增值、所有者权益增值、资本增值 12 万元。据此可以进行如下会计处理：

（1）2020 年 3 月 30 日，预收货款，债权资本投入

借：银行存款　　40

　　贷：预收账款　　40

（2）5 月 29 日，交付商品，确认资本增值

借：库存商品　　　12

　　贷：本年利润　　　12

（3）5 月 29 日，交付商品，债权资本退出

借：预收账款　　40

　　贷：库存商品　　40

会计分录分析：分录（2）反映了财货价值增加导致所有者权益增加；分录（3）反映了负债减少的原因是向债权人交付了商品。

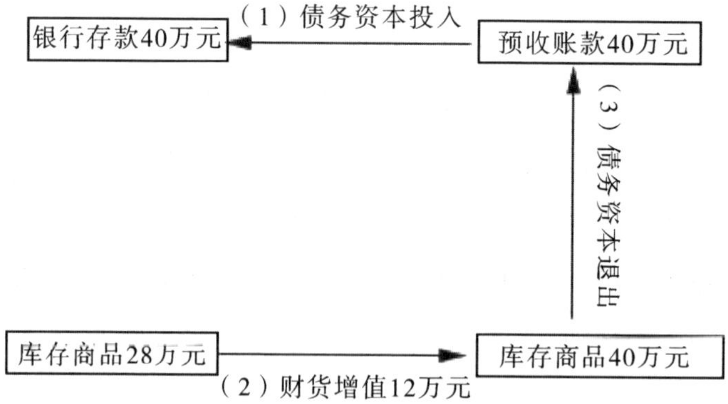

图 6-3　预收货款销售业务引起的资本运动

第三节　固定资产业务分析

一、取得固定资产业务分析

例 8：2020 年 2 月，某公司购入计算机一批，支付总价款 20 万元；购入设备一台，支付总价款 350 万元。

该业务的会计分录如下：

借：固定资产——管理用　　20

　　　　　　——生产用　　350

　贷：银行存款　　　　　　　370

经济业务分析：显然，用现金购置固定资产所引起的资本运动为财货运动（财货形态转换），货币资金转换为计算机和设备。会计分录的贷方和借方分别反映了财货转换前的形态和转换后的形态。

例 9：2020 年 3 月，某公司接受其自然人股东丁某捐赠的一辆全新汽车，该车发票价格 30 万元。该公司将该车作为办公用车。

该业务的会计分录如下：

借：固定资产——管理用　　　　30

　　贷：营业外收入——捐赠利得　30

经济业务分析：接受捐赠固定资产导致财货流入企业，但并没有形成负债或所有者权益，因此该业务引起的资本运动不是资本投入，而是财货运动（财货流入）；财货流入导致财货价值增加，进而导致所有者权益增加，这是企业非日常经济业务中财货运动引起的所有者权益增加，因此属于利得。该会计分录的借方和贷方恰好反映了财货流入与所有者权益增加之间的因果关系。

二、计提固定资产折旧业务分析

例 10：某公司 2020 年 1 月末计提固定资产折旧，其中计提生产设备折旧 158 万元、管理部门计算机设备折旧 50 万元。

据此进行如下会计处理：

（1）计提生产设备折旧 158 万元

借：制造费用　　　　　　　　　　　　　158

　　贷：固定资产折旧——生产用（动力设备）　158

（2）计提管理部门计算机设备折旧 50 万元

借：管理费用　　　　　　　　　　　　　50

　　贷：固定资产折旧——生产用（动力设备）　50

经济业务分析:

计提生产设备折旧业务所对应的资本运动为财货运动（财货价值转移），固定资产的价值转移到制造费用（生产的产品）中，该资本运动导致固定资产价值减少、产品价值增加，分录（1）反映了生产用设备价值减少、产品成本增加之间的因果关系。

计提管理部门计算机设备折旧所对应的资本运动为财货运动（财货减值），减少的财货价值并没有转移到其他财货中，因此该资本运动导致财货价值减少，进而导致所有者权益减少，即形成了管理费用，该例中管理费用科目核算的是财货价值减少导致的所有者权益减少。分录（2）反映了管理用设备价值减少、所有者权益减少之间的因果关系。

计提折旧业务所对应的资本运动可以是财货价值转移，或者是财货减值，这两种资本运动引起的资本变动不同，前者固定资产价值转移到生产成本中，后者导致所有者权益减少，形成了费用。

三、固定资产清理业务分析

（一）会计制度的规定

会计制度①对“固定资产清理”科目进行了规范:

一、本科目核算企业因出售、报废、毁损、对外投资、非货币性资产交换、债务重组等原因转出的固定资产价值以及在清理过程中发生的费用等。

二、本科目可按被清理的固定资产项目进行明细核算。

三、固定资产清理的主要账务处理。

① 中华人民共和国财政部．企业会计准则——应用指南（2006）［M］．北京：中国财政经济出版社，2006. 202.

（一）企业因出售、报废、毁损、对外投资、非货币性资产交换、债务重组等转出的固定资产，按该项固定资产的账面价值，借记本科目，按已计提的累计折旧，借记“累计折旧”科目，按其账面原价，贷记“固定资产”科目。已计提减值准备的，还应同时结转减值准备。

（二）清理过程中应支付的相关税费及其他费用，借记本科目，贷记“银行存款”“应交税费——应交营业税”等科目。收回出售固定资产的价款、残料价值和变价收入等，借记“银行存款”“原材料”等科目，贷记本科目。应由保险公司或过失人赔偿的损失，借记“其他应收款”等科目，贷记本科目。

（三）固定资产清理完成后，属于生产经营期间正常的处理损失，借记“营业外支出——处置非流动资产损失”科目，贷记本科目；属于自然灾害等非正常原因造成的损失，借记“营业外支出——非常损失”科目，贷记本科目。如为贷方余额，借记本科目，贷记“营业外收入”科目。

四、本科目期末借方余额，反映企业尚未清理完毕的固定资产清理净损失。

对于固定资产清理科目资产负债表余额的列报，会计准则规定：资产负债表中的固定资产项目“反映资产负债表日企业固定资产的期末账面价值和企业尚未清理完毕的固定资产清理净损益。该项目应根据‘固定资产’科目的期末余额，减去‘累计折旧’和‘固定资产减值准备’科目的期末余额后的金额，以及‘固定资产清理’科目的期末余额填列。”①

（二）固定资产清理会计处理举例

例 11：某公司有一台生产用设备，原值 1000 万元，已提折旧 950 万元，因使用期满经批准报废，在清理过程中，支付清理费用 40 万元，残料变卖收入 13 万元。清理结束，结转固定资产清理损益。

据此进行如下会计处理：

（1）固定资产转入清理

借：固定资产清理　　50

　　累计折旧——生产用（设备）　　950

　　贷：固定资产——生产用（设备）　　1000

（2）支付清理费用

借：固定资产清理　　40

　　贷：银行存款　　40

（3）收到残料变卖收入

借：银行存款　　13

　　贷：固定资产清理　　13

（4）结转固定资产清理净损益

计算固定资产清理净损益 = 50+40−13 = 77（借方余额）

借：营业外支出——处置非流动资产损失　　77

　　贷：固定资产清理　　77

① 会计准则委员会．关于修订印发 2019 年度一般企业财务报表格式的通知（财会〔2019〕6 号）［EB/OL］．会计准则委员会官网，https：//www. casc. org. cn/2019/0517/189624. shtml 附件 2 一般企业财务报表格式（适用于已执行新金融准则、新收入准则和新租赁准则的企业）. pdf. http：//upload. news. esnai. com/2019/0517/1558061233347. pdf

（三）固定资产清理会计制度存在的问题

1. 固定资产清理科目核算的内容

按照制度规定，该科目核算转入清理状态的固定资产的价值和清理过程发生的费用。但是，清理过程产生的收入也是通过该科目核算的，尤其是非报废、毁损等所进行的固定清理产生的收入，这部分收入是重大的。因此，该科目的核算内容应当包括三部分：转入清理状态的固定资产的价值、清理过程发生的费用和清理过程产生的收入。

2. 资产负债表日固定资产清理科目余额的列报

按照制度规定，该期末借方余额反映企业尚未清理完毕的固定资产清理净损失。在例 11 中，假定在资产负债表日前只发生了前两笔业务，那么在资产负债表日，该科目的借方余额为 50+40=90 万元。按照制度规定，这 90 万元在资产负债表的固定资产项目中列报。这里就产生了一个矛盾，既然该科目借方余额为“尚未清理完毕的固定资产清理净损失”，为什么可以在固定资产项目中列报？尤其是其中的清理费用 40 万元，肯定不能为企业带来经济利益，肯定不符合资产的定义，将其在固定资产项目中列报，固定资产清理没有导致固定资产减少，相反却导致了固定资产增加，这显然是不合理的。

（四）固定资产清理会计制度的改进建议

1. 固定资产清理科目资产负债表日余额的经济性质

如果固定资产清理业务已经完成，其余额为固定资产清理净损益，是利得或损失。如果在资产负债表日尚未清理完成，那么该科目余额的经济性质是什么？为此，我们来分析该科目余额的构成，该科目的余额构成是由其核算内容决定的。

固定资产清理科目余额=

转入清理状态的固定资产的价值

+（清理过程发生的费用-清理过程产生的收入）

该科目余额第二部分为固定资产清理已经发生的费用和产生的收入，为已经发生的固定资产清理业务产生的清理净损益（大于 0 为损失，小于 0 为利得）

固定资产清理账户的特殊性在于“转入清理状态的固定资产的价值”的特殊性。如果固定资产清理已经完成，则转入清理的固定资产已经处置完毕，企业不再存在该资产，这时“转入清理状态的固定资产的价值”就成为固定资产清理过程所发生的费用，或者说与其产生的收入相配比的费用，即上述公式成为：

固定资产清理科目余额=清理过程发生的费用-清理过程产生的收入

如果固定资产清理尚未完成，例如因对外投资转入清理的固定资产，尚未转给被投资企业，尚处于等待转换为投资权益的状态，这时被清理的固定资产仍然含有经济利益，可以为企业带来经济利益，因此，“转入清理状态的固定资产的价值”尚未全部转化为费用。

①如果被清理固定资产的公允价值大于“转入清理状态的固定资产的价值”，则“转入清理状态的固定资产的价值”仍然为企业的资产。

②如果被清理固定资产的公允价值小于“转入清理状态的固定资产的价值”，则：

转入清理状态的固定资产的价值

=转入清理状态的固定资产的价值-被清理固定资产的公允价值

+被清理固定资产的公允价值

该算式的第一部分为未实现的损失，第二部分为企业的资产。

进而，上述固定资产科目余额算式应改写为：

固定资产清理科目余额=

“被清理固定资产的公允价值、转入清理状态的固定资产的价值”其中较小者

+“转入清理状态的固定资产的价值-被清理固定资产的公允价值、0”其中较大者

+（清理过程发生的费用-清理过程产生的收入）

由这个算式，该科目的余额第一部分为企业的资产，第二部分为未实现的损失，第三部分为已实现的利得或损失。

由此我们有了一个非常奇特的发现：固定资产清理这个科目是非常特殊的，兼有资产类科目和损益类科目的性质。

2. 资产负债表日固定资产清理会计处理的改进建议

根据上面的分析，固定资产清理科目在资产负债表日的余额可分为三部分：资产、未实现损失、已实现利得或损失。应依据这三部分不同的性质进行不同的会计处理，而不应全部在资产负债表的固定资产项目中列报。

对于第三部分，已实现的利得或损失，应当转入营业外收入或营业外支出科目，计入当期损益；

对于第二部分，未实现损失，应设置“资本公积——未实现固定资产清理损失”科目，将未实现损失转入该科目，在利润表的其他综合收益项目中列报。

对于第一部分，为转入清理的固定资产的公允价值或历史成本，为企业的资产，应在资产负债表的固定资产项目中列报。

第四节　计提利息业务分析

一、计提短期借款利息业务分析

（一）短期借款业务会计处理举例

例 12：某公司因生产经营的临时需要，向银行申请并于 4 月 16 日取得一笔银行借款 600 万元，期限 3 个月，年利率为 10%，到期一次还本付息。该公司按月预提利息费用。

据此做如下会计分录：

（1）4 月 16 日，取得借款

借：银行存款　　　600

　　贷：短期借款　　　600

（2）5 月 31 日，确认利息费用［600×（10%÷12）×15÷30）］

借：财务费用　　　2.5

　　贷：应付利息　　　2.5

（3）6 月 30 日、7 月 31 日，分别确认利息费用（600×10%÷12）

借：财务费用　　　5

　　贷：应付利息　　　5

（4）7 月 15 日，确认利息费用［600×（10%÷12）×15÷30）］

借：财务费用　　　2.5

　　贷：应付利息　　　2.5

（5）7 月 15 日，还本付息

借：短期借款　　　600

应付利息 15

贷：银行存款 615

（二）短期借款业务的经济性质分析

会计分录分析：

分录（1）反映了取得短期银行借款，银行存款增加，负债增加，反映了资本投入（债权资本投入）引起的资产和权益的变动；分录（5）反映了用货币资金偿还负债，银行存款减少，负债减少，反映了资本退出（债权资本退出）引起的资产和权益变动。

分录（2）~（4）为计提应付利息、确认利息费用。这里我们提出几个需要探讨的问题：

第一，财务费用的经济性质。通常认为，这里的财务费用为负债形成产生的费用。因为产生了应付利息，所以产生了财务费用。这种观点正确吗？

第二，应付利息产生的原因。从表面上来看，借款合同规定了应付利息的计算方法，因此，表面上可以认为应付利息是借款合同决定的。

为了回答这两个问题，我们需要探讨短期银行借款业务的经济性质。

经济业务分析：本例中的短期借款业务，在取得短期借款时为债权资本投入，在偿还本金时为债权资本退出，在借款存续期间产生了应付利息 15 万元，这是按借款合同约定了借款利息。

本例中，借款方（企业）得到了什么？出借方（银行）付出了什么？从借款方来看，得到是资金使用权，具体来说，是 600 万元资金 3 个月的使用权；银行付出的是 600 万元资金 3 个月的使用权，即短期借款业务双方交易的是 600 万元资金 3 个月的使用权。银行收回的 600 万元本金与出借的600万元本金，金额上没有差别，但是价值（使用价值）上是有差别的，银行已经失去了4月16日~7月15日之间的使用价值。同样，从企业的角度来看，企业偿还的600万元本金与取得的600万元本金，金额上没有差别，但是价值（使用价值）上是有差别的，企业已获得4月16日~7月15日之间的使用价值。由此可见，15万元的应付利息是双方交易600万元资金3个月的使用权的交易价款。一般而言，应付利息是借款方为获得资金使用权形成的义务，是为获得资金使用权应支付的代价。

进而我们来探讨财务费用的经济性质。我们结合分录（2）进行讨论。按照上述分析，应付利息2.5万元是企业获得600万元资金15天使用权的价款，是银行向企业提供了600万元资金15天使用权而形成的，因此，这里首先就有一项资本运动——资本投入（债权资本投入），该资本投入引起财货（600万元资金15天使用权）流入企业，同时形成应付利息义务。该财货（600万元资金15天使用权）是如何运动的？资金使用权是一种非常特殊的财货，其使用价值不可储存，随着时间而消逝。资金使用权的价值可能转移到相关资产中，也可能不转移到任何资产中。对于短期借款，会计实务通常隐含了资金使用权的价值未转移到任何资产中的假定，其价值获得的同时就被消耗了，因此，财务费用为财货消耗（即资金使用权消耗）而导致的所有者权益减少。概括来说，财务费用是资金使用权消耗产生的。

可以将分录（2）改写为如下两笔分录：

（2）5月31日，计提应付利息、确认利息费用［600×（10%÷12）×15÷30）］

（2.1）计提应付利息，确认获得资金使用权

借：资金使用权　　2.5

贷：应付利息 2.5

(2.2) 确认资金使用权消耗和利息费用

借：财务费用 2.5

贷：资金使用权 2.5

分录（2.1）反映了债权资本投入引起的财货增加和负债增加，即企业为获得资金使用权而承担应付利息的义务；分录（2.2）反映了财货运动（资金使用权消耗）导致的财货减少和所有者权益减少。

由于资金使用权这种财货的特殊性，现行会计实务并不将资金使用权确认为资产，故将分录（2.1）和（2.2）合并为一笔分录，合并之后的会计分录就对销了资金使用权，不能准确反映债权资本投入和资金使用权消耗这两项资本运动，只能牵强地将财务费用解释为“负债形成产生的费用”，这是非常严重的认识错误。

综上所述，借款业务的本质是资金使用权交易，本例中应付利息的形成是缘于企业获得资金使用权而应支付的对价，财务费用的形成是缘于资金使用权的消耗，如图 6-4 所示。

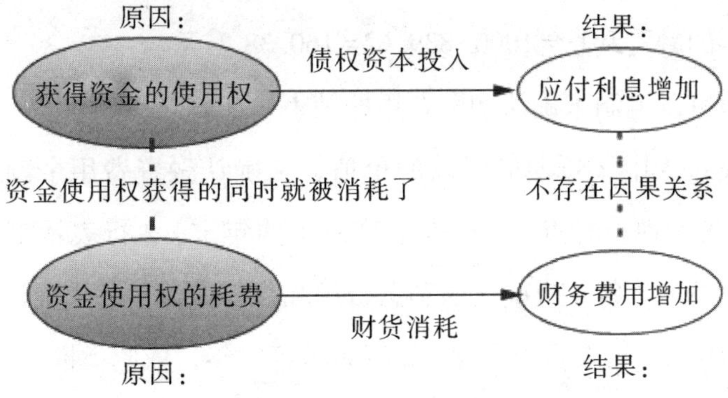

图 6-4 短期借款业务引起的资本运动

二、未确认融资费用业务分析

例 13：今年年初，某公司从另一公司购入一座仓库，无须建造，产权已经过户。购买合同约定，此仓库的总价款为 1000 万元，在第 3 年的年末支付。该公司 3 年期银行借款年利率为 6%。

（一）按现行会计制度的会计处理

按照现行会计制度的规定，购入有关资产超过正常信用条件延期支付价款、实质上具有融资性质的，应按购买价款的现值为基础确定固定资产的成本。实际支付价款与购买价款现值之间的差额，先记入“未确认融资费用”科目，然后在信用期内以实际利率法分摊计入财务费用。

本例的付款期为 3 年，显然是卖方向买方提供了三年的融资。总价款 1000 万元中包含了融资利息，具体包含了多少融资利息要进行如下计算：

总价款的现值=1000÷（1+6%）3=839.62 万元

三年的融资利息=1000−839.62=160.38 万元

进而可以编制未确认融资费用摊销表，如表 6−3 所示。

在表 6−3 中，长期应付款的价值、未确认融资费用余额为时点指标，0 行表示现在时点，1 行表示第一年的年末，2 行表示第二年的年末，依此类推。每年应确认的利息费用和每年应摊销的未确认融资费用为时期指标，1 行表示第一年，2 行表示第二年，依此类推。

每年应确认的利息费用=长期应付款的价值（年初）×6%

例如，第一年应确认的利息费用=839.62×6%=50.38 万元

每年应摊销的未确认融资费用=每年应确认的利息费用

例如，第一年应摊销的未确认融资费用=50.38 万元

未确认融资费用余额（年末）=未确认融资费用余额（年初）-本年应摊销的未确认融资费用

例如，第一年未确认融资费用余额（年末）=160.38-50.38=110.00 万元

长期应付款的价值，是企业负债的价值，是企业符合确认条件已经确认的负债金额。

长期应付款的价值=长期应付款（总价款）-未确认融资费用余额①

例如，长期应付款的价值（现在时点）=1000-160.38=839.62 万元

长期应付款的价值（第二年年末）=1000-56.6=943.40 万元

表 6-3 未确认融资费用摊销表

年度	长期应付款（总价款）（万元）	长期应付款的价值（万元）	每年应确认的利息费用（万元）	每年应摊销的未确认融资费用（万元）	未确认融资费用余额（万元）
0	1000.00	839.62			160.38
1		890.00	50.38	50.38	110.00
2		943.40	53.40	53.40	56.60
3		1000.00	56.60	56.60	0.00

① 该公式计算出的数字是正确的，但其逻辑关系是错误的，公式本身是错误的。具体解释见后面的分析。附件 2 一般企业财务报表格式（适用于已执行新金融准则、新收入准则和新租赁准则的企业）.pdf. http://upload.news.esnai.com/2019/0517/1558061233347.pdf

据此进行如下会计处理：

（1）第1年年初，固定资产入账

借：固定资产——仓储房　　839.62

　　未确认融资费用　　160.38

　　贷：长期应付款　　1000

（2）第1年年底，摊销未确认融资费用

借：财务费用——未确认融资费用摊销　　50.38

　　贷：未确认融资费用　　50.38

（3）第2年年底，摊销未确认融资费用

借：财务费用——未确认融资费用摊销　　53.40

　　贷：未确认融资费用　　53.40

（4）第3年年底，摊销未确认融资费用

借：财务费用——未确认融资费用摊销　　56.60

　　贷：未确认融资费用　　56.60

经过三年的摊销，共确认了财务费用160.38万元，未确认融资费用也全部摊销完毕。

（5）第3年年底，支付总价款

借：长期应付款　　1000

　　贷：银行存款　　1000

（二）未确认融资费用科目核算的是未确认融资费用吗？

未确认融资费用的计算公式如下：

未确认融资费用=实际支付价款-购买价款现值

该例中未来三年的融资费用为160.38万元，即未来三年要确认的财务费用为160.38万元，在固定资产入账时点，该费用尚未发生，是在该时点未确认的融资费用。可见，本例中未确认融资费用 160.38 万元，就是目前尚未发生尚不能确认、将在未来三年要发生的、届时才可确认的融资费用。

160.38 万元为未确认的融资费用，它之所以是未确认的融资费用，是因为是未来期间要发生的费用，目前尚未发生，故当前还不能确认为费用。既然不能确认，为什么还确认了？分录（1）中所确认的“未确认的融资费用”属于哪个会计要素？未确认融资费用就是“未确认融资费用”，是未来期间的费用，当然不影响本期的任何会计要素。因此，未确认融资费用不属于任何会计要素，未来期间才发生的融资费用，就不应当确认。

根据以上的分析，可以推断，上述会计分录中未实现融资费用科目核算的并不是“未实现融资费用”。

按照现行会计制度的规定，“本科目核算企业应当分期计入利息费用的未确认融资费用”。① 按照这个规定，分录（1）中的“借：未确认融资费用 160.38 万元”所反映的是未来三年应确认的融资费用。可见，现行会计制度是错误的。

既然未实现融资费用科目核算的内容不应当是未确认的融资费用，那么该科目真实核算的内容是什么？

（三）未确认融资费用科目应当核算的是待确认应付利息

我们从资本运动角度对经济业务加以分析：

（1）延期付款购入仓储房所引起的资本运动是资本投入（债权资本投入），债权资本投入引起财货（固定资产）增加和负债增加，增加

① 中华人民共和国财政部．企业会计准则——应用指南（2006）［M］．北京：中国财政经济出版社，2006：229.

的金额为839.62万元。总价款1000万元中只有839.62万元为购买仓储房的价款，其余160.38万元为长期借款三年所应支付的利息，是待确认应付利息。可见，在购入仓库时，实际形成的负债只是839.62万元，故只应确认839.62万元的负债，应当从总价款1000万元中扣除待确认应付利息160.38万元。

（2）企业获得了839.62万元资金使用权，资金使用权的获得、消耗，形成了财务费用和应付利息，未来三年累计应确认的财务费用为160.38万元，累计形成的应付利息也是160.38万元，与购入仓储房时形成的负债839.62万元相加，合计为应支付的总价款1000万元。

（3）债权资本退出，用银行存款支付总价款1000万元，负债减少1000万元。

可见，上述会计分录（1）中“贷：长期应付款1000万元”多计了负债160.38万元，或者说，将未来三年才形成的应付利息160.38万元也计入了负债之中。因此，为了正确反映企业所承担的负债，应予以调整，就是要将未来三年才可确认的应付利息160.38万元扣除。会计分录（1）中“未确认融资费用160.38万元”就是要起到这个调整作用，调整的金额是正确的，但是调整的内容是错误的，调整的内容应当是未来三年形成的应付利息。应付的总价款包含两部分：应偿还借款本金839.62万元，未来三年应付利息160.38万元。

因此，未确认融资费用科目应当核算的是待确认应付利息。

（四）问题产生的原因

未确认融资费用科目核算的内容应当是待确认应付利息，而会计制度将其规定为未确认融资费用，产生这个错误的根本原因是采用的长期应付款价值计算公式是错误的：

长期应付款的价值=长期应付款（总价款）-未确认融资费用余额

公式（1）

正确的公式应当是：

长期应付款的价值=长期应付款（总价款）-待确认应付利息余额

公式（2）

由于：

未确认融资费用余额=待确认应付利息余额 （公式3）

故公式（1）计算出的数字是正确的，但公式本身是错误的，其逻辑关系是错误的。公式（1）右边第一项“长期应付款（总价款）”为负债和未来应确认的负债，而右边第二项“未确认融资费用余额”为未来期间待确认的费用，两者只差可以计算出数字，但“负债-费用”有经济意义吗？我们认为两者之差是没有任何经济含义的。就如同我欠某人100元（负债），我午餐用了30元（费用），差额70元是没有意义的。

公式（2）的逻辑关系是：长期应付款（总价款）含有未来应确认的应付利息，即待确认应付利息，将待确认应付利息扣除就成为现在时点企业实际应当承担的负债，也就是长期应付款的现时价值。

由于公式（1）计算出的数字是正确的，从而掩盖了其逻辑错误，加大了发现其错误的难度。形式正确，掩盖了其本质错误。

（五）改进建议

建议将未确认融资费用科目更名为待确认应付利息，核算的内容更正为待确认应付利息。该科目不是独立的会计科目，为长期应付款科目的调整科目，经过调整正确核算是长期应付款的价值，也就是按照公式（2）计算出的长期应付款价值。

按照改进建议，重新对例13进行会计处理。编制待确认应付利息摊销表，见表6-4。

表6-4 待确认应付利息摊销表

年度	长期应付款（总价款）（万元）	长期应付款的价值（万元）	每年应摊销的待确认应付利息（万元）	每年应确认的利息费用（万元）	待确认应付利息余额（万元）
0	1000.00	839.62			160.38
1		890.00	50.38	50.38	110.00
2		943.40	53.40	53.40	56.60
3		1000.00	56.60	56.60	0.00

在表6-4中：

每年应摊销的待确认应付利息=长期应付款的价值（年初）×6%

例如，第一年应摊销的待确认应付利息=839.62×6%=50.38万元。

摊销的待确认应付利息，实质上就是确认应付利息，实质上就是将本期已经发生了的负债予以确认，第一年确认了应付利息50.38万元。

每年应确认的利息费用=每年应摊销的待确认应付利息

例如，第一年应确认的利息费用=50.38万元。

待确认应付利息余额（年末）=待确认应付利息余额（年初）-本年应摊销的待确认应付利息

例如，第一年待确认应付利息余额（年末）=160.38-50.38=110.00万元。

长期应付款的价值=总长期应付款（总价款）-待确认应付利息余额

例如，长期应付款的价值（现在时点）=1000-160.38=839.62万元。

长期应付款的价值（第二年年末）=1000-56.6=943.40万元，

根据表 6-4 的数据，进行如下会计处理：

（1）第 1 年年初，固定资产入账

借：固定资产——仓储房 839.62

待确认应付利息 160.38

贷：长期应付款 1000

（2）第 1 年年底，摊销待确认应付利息

借：财务费用——待确认应付利息摊销 50.38

贷：待确认应付利息 50.38

该分录摊销了待确认应付利息 50.38 万元，导致待确认应付利息减少 50.38 万元，而负债的价值增加了 50.38 万元。摊销了待确认应付利息实质上就是应付利息的确认。

（3）第 2 年年底，摊销待确认应付利息

借：财务费用——待确认应付利息摊销 53.40

贷：待确认应付利息 53.40

（4）第 3 年年底，摊销待确认应付利息

借：财务费用——待确认应付利息摊销 56.60

贷：未待确认应付利息 56.60

经过三年的摊销，共确认了财务费用 160.38 万元，待确认应付利息也全部摊销完毕。

（5）第 3 年年底，支付总价款

借：长期应付款 1000

贷：银行存款 1000

（六）会计处理的进一步改进

对于例 13 经济业务的处理还有更为简洁的方法，而且可以更加清

晰地反映经济业务、资本运动以及资本变动之间的内在关系。

设置“长期应付款——本金”，核算延期付款购入固定资产形成的负债本金；“长期应付款——应付利息”，核算负债本年存续期间形成的应付利息。进行如下会计处理：

（1）第1年年初，固定资产入账，确认债权资本投入

借：固定资产——仓储房　　839.62

　　贷：长期应付款——本金　　839.62

该分录只将长期应付款的初始价值839.62万元确认为负债，而不将其名义金额1000万元确认为负债。这是“实质重于形式原则”的具体运用。

（2）第1年年底，确认应付利息和利息费用

借：财务费用　　50.38

　　贷：长期应付款——应付利息　　50.38

（3）第2年年底，确认应付利息和利息费用

借：财务费用　　53.40

　　贷：长期应付款——应付利息　　53.40

（4）第3年年底，确认应付利息和利息费用

借：财务费用　　56.60

　　贷：长期应付款——应付利息　　56.60

（5）第3年年底，支付总价款，债权资本退出

借：长期应付款——本金　　839.62

　　长期应付款——应付利息　　160.38

　　贷：银行存款　　1000

第五节　职工薪酬业务分析

一、提出问题

“职工薪酬，是指企业为获得职工提供的服务或解除劳动关系而给予的各种形式的报酬或补偿。”①《职工薪酬准则》第五条规定：“企业应当在职工为其提供服务的会计期间，将实际发生的短期薪酬确认为负债，并计入当期损益，其他会计准则要求或允许计入资产成本的除外”。②

例 14：某企业 2020 年 3 月 31 日计提本月职工薪酬，其中公司管理人员薪酬总额为 630 万元，产品生产工人薪酬总额为 1200 万元；2020 年 4 月 5 日通过银行账户发放职工薪酬。

据此进行如下会计处理：

（1）2020 年 3 月 31 日计提本月应付管理人员薪酬

借：管理费用　　　　630

　　贷：应付职工薪酬　　630

（2）2020 年 3 月 31 日计提本月应付生产工人薪酬

借：生产成本　　　　1200

　　贷：应付职工薪酬　　1200

---

① 会计准则委员会．企业会计准则第 9 号——职工薪酬（2014）［EB/OL］．会计准则委员会官网，https：//www.casc.org.cn/2018/0815/202806.shtml.

② 会计准则委员会．企业会计准则第 9 号——职工薪酬（2014）［EB/OL］．会计准则委员会官网，https：//www.casc.org.cn/2018/0815/202806.shtml.

（3）2020 年 4 月 5 日通过银行账户发放职工薪酬

借：应付职工薪酬　　1830

　　贷：银行存款　　　1830

该企业在 2020 年 3 月实际发生的管理人员薪酬为 630 万元，分录（1）如同《职工薪酬》准则第五条的规定，贷方反映了将 2020 年 3 月发生的管理人员薪酬 630 万元确认为负债，借方反映了将管理人员薪酬 630 万元确认为管理费用。这个分录引起我们的疑问：

第一，为什么职工薪酬既可确认为负债，又可确认为费用？职工薪酬到底是什么？

第二，分录（1）借贷双方之间的关系？本例中的管理费用是“义务形成产生的费用”吗？

二、职工薪酬业务分析

职工薪酬要么处于应付状态，要么处于已付状态。该例中的分录（3）反映的就是职工薪酬的支付，通过银行向职工支付了薪酬，职工薪酬就从应付状态转化为已付状态。职工已经提供了服务，企业就形成了应付职工薪酬的义务，在尚未支付前职工薪酬就是处于应付状态。因此，该例中分录（1）将处于应付状态的职工薪酬确认为应付职工薪酬是正确的。

会计投入对象为经济业务和资本运动，通过对经济业务和资本运动进行分析才能提炼出有关资本变动的信息。职工薪酬只是经济业务的一部分，要对职工薪酬业务整体进行分析才能获取准确的资本变动信息。

与职工薪酬有关的经济业务有三笔：

第一，获取职工提供的服务；

第二，职工服务的使用；

第三，职工薪酬的支付。

职工薪酬是联结这三笔经济业务的纽带。职工薪酬是获取职工服务的代价，是获取的职工服务的成本；获取了职工提供的服务就形成了应付职工薪酬义务；通过支付职工薪酬了结应付职工薪酬义务。

（一）管理人员薪酬业务分析

图 6-5 是获取和使用管理人员服务这两项经济业务引起的资本运动以及这两项业务之间的关系。

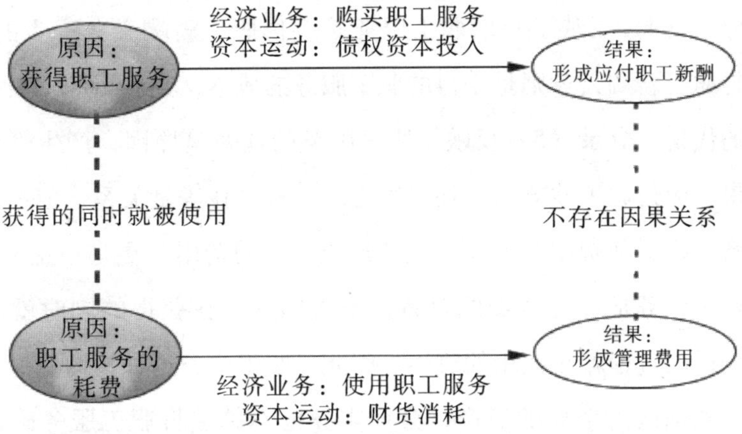

图 6-5　获取和使用管理人员服务引起的资本运动

获取职工提供的服务引起的资本运动为债权资本投入，职工向企业提供服务，从而形成了应付职工薪酬的义务；职工薪酬是企业获取职工服务的成本，在支付之前处于应付职工薪酬状态。

职工服务在获取的同时就被使用了，由于在会计实务中通常假定管理人员提供的服务没有转移到其他资产中，而是被消耗了，即假定使用管理人员服务的经济业务引起的资本运动是财货消耗，从而导致所有者权益减少，即形成了管理费用。

如果我们将职工服务这种特殊的财货（的成本）加以确认，可做第一笔业务和第二笔业务的会计分录如下：

（4）确认获取的职工服务和应付职工薪酬形成

借：职工服务　　　　　630

　　贷：应付职工薪酬　　630

（5）确认管理人员服务的消耗

借：管理费用　　　　　630

　　贷：职工服务　　　　630

分录（4）反映了获取职工服务是应付职工薪酬义务产生的原因，而应付职工薪酬义务则是获得的职工服务的成本，是获得职工服务支付服务的代价。分录（5）反映了职工服务的耗费是原因，产生管理费用是结果。应付职工薪酬与管理费用之间尽管存在等量关系，但不存在因果关系，将管理费用解释为“负债形成产生的费用”更是不正确的。

职工服务是一种特殊的财货，不能储存，在获得的同时就被使用了，获得的过程就是使用的过程。因此，职工服务这种特殊的财货通常不能单独确认为企业的资产，会计实务也不单独将职工服务确认为资产。也就是说，会计实务并没有将第一笔经济业务、第二笔经济业务分别作为会计投入对象加以处理，而是将第一笔业务和第二笔业务混合加以处理，而将重要的信息“职工服务的获得和使用”通过对销的方式予以省略，这就导致了分录（1）将本不存在因果关系的管理费用和应付职工薪酬置入一笔分录中，并产生了“义务形成产生的费用”这样的谬误。

分录（1）是会计实务形成的惯例，我们并不期望打破这个惯例，但是应当清楚，分录（1）的背后是对销了职工服务的获取和消耗。

（二）生产工人薪酬业务分析

图6-6是获取和使用生产工人服务这两项经济业务引起的资本运动以及这两项业务之间的关系。与管理人员薪酬业务比较，获得职工服务交易两者是没有区别的，但职工服务的使用产生的资本运动是不同的，管理人员服务的使用产生的资本运动是财货消耗，而生产工人服务的使用产生的资本运动是财货形态转换。

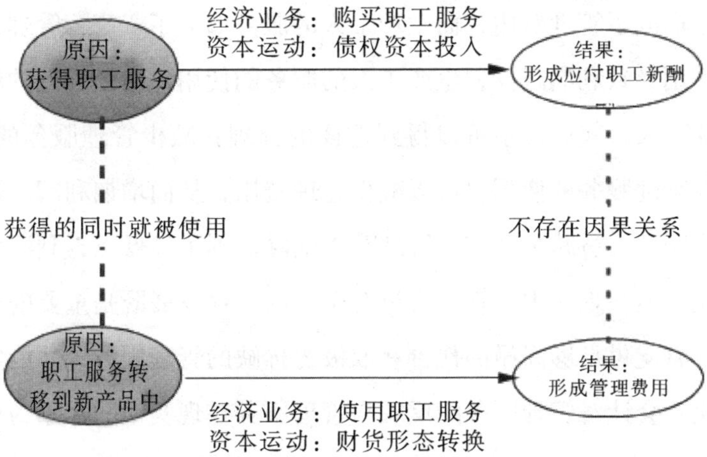

图6-6 获取和使用生产工人服务引起的资本运动

如果我们设置“职工服务”科目，对生产工人服务的获取和生产工人服务的使用两笔业务分别进行处理，则本例中的分录（2）可以改写为如下两笔分录：

（6）确认获取生产工人服务和应付职工薪酬的形成

借：职工服务　　　　1200

　　贷：应付职工薪酬　　1200

（7）确认生产工人服务转移到产品中

借：生产成本　　　　1200

贷：职工服务　　　　　　1200

三、管理人员服务与生产工人服务的比较

管理人员服务使用产生的资本运动是财货消耗，即管理人员的服务没有转移到资产中，而是被消耗了，形成了管理费用，计入当期损益，将减少当期的利润；生产工人服务的使用产生的资本运动是财货形态转换，生产工人提供的服务转到了产品之中，形成了资产。可见，管理人员的服务形成了管理费用，而生产工人的服务形成了资产；管理人员的服务的使用导致利润减少，生产工人的服务的使用将增加企业的资产。

由此看来，我们似乎可以得到这样的推理：减少管理服务的购买，从而减少管理服务的使用，可以减少管理费用，从而增加利润。进一步推论：将管理人员减少到零，管理费用就降低到了最低点，利润就达到了最大化。但在现实中，管理人员对企业的生存发展既是重要的也是必要的，只有支付足够高昂的代价获取极为稀缺的管理服务，才能实现利润最大化。会计对管理服务的反映与管理服务在现实中的作用为什么是南辕北辙?

这种矛盾是一种表面现象。我们回顾一下费用的定义："费用是指企业日常活动中财货运动或权益运动引起的经济利益总流出导致的所有者权益减少。"费用限定于"经济利益总流出"，这是费用定义之中的前提假设，这是会计惯例，但与现实情况有时是矛盾的。管理服务的使用产生了两种效果，一是管理服务本身被耗用了，一是管理服务发挥了使用价值，形成了管理服务的产出。真实的资本运动是管理服务的使用形成了管理服务的消耗和产出，但会计惯例将其分隔为经济利益总流出、经济利益总流入两部分，而管理服务的产出由于难以计量和确认，在会计信息系统中并没有得到单独反映，因此，在会计信息系统中我们

只见到了与管理服务相关的经济利益总流出，只见到管理服务耗费产生的管理费用。

总而言之，会计信息系统只反映了管理服务的耗费产生的管理费用，没有单独反映管理服务产生的价值，而管理服务产生的价值隐含在企业收入之中，利润则是衡量管理服务价值的一个重要指标。

第六节　递延收益的经济性质分析

一、递延收益制度规定概述

对递延收益的制度规范主要包括《企业会计准则第16号——政府补助（2017）》① 和《企业会计准则——应用指南（2006）》②。

（一）政府补助准则的规定

1. 政府补助的定义

政府补助，是指企业从政府无偿取得货币性资产或非货币性资产。政府补助具有无偿性，即企业取得来源于政府的经济资源，不需要向政府交付商品或服务等对价。

2. 政府补助的分类及会计处理

政府补助分为与资产相关的政府补助和与收益相关的政府补助。

与资产相关的政府补助，是指企业取得的、用于购建或以其他方式

① 会计准则委员会．企业会计准则第16号——政府补助（2017）[EB/OL]．会计准则委员会官网，https：//www.casc.org.cn/2018/0815/202796.shtml

② 中华人民共和国财政部．企业会计准则——应用指南（2006）[M]．北京：中国财政经济出版社，2006：224-225.

形成长期资产的政府补助。与资产相关的政府补助，应当冲减相关资产的账面价值或确认为递延收益。与资产相关的政府补助确认为递延收益的，应当在相关资产使用寿命内按照合理、系统的方法分期计入损益。

与收益相关的政府补助，是指除与资产相关的政府补助之外的政府补助。与收益相关的政府补助，应当分情况按照以下规定进行会计处理：

（1）用于补偿企业以后期间的相关成本费用或损失的，确认为递延收益，并在确认相关成本费用或损失的期间，计入当期损益或冲减相关成本；

（2）用于补偿企业已发生的相关成本费用或损失的，直接计入当期损益或冲减相关成本。

（二）应用指南的规定

《企业会计准则——应用指南（2006）》对“递延收益”科目的定义及使用进行了规范。

第一，递延收益科目核算企业确认的应在以后期间计入当期损益的政府补助。

第二，企业收到或应收的与资产相关的政府补助，借记“银行存款”“其他应收款”等科目，贷记“递延收益”科目。在相关资产使用寿命内分配递延收益，借“记递延收益”科目，贷记“营业外收入”科目。

第三，与收益相关的政府补助，用于补偿企业以后期间相关费用或损失的，按收到或应收的金额，借记“银行存款”“其他应收款”等科目，贷记“递延收益”科目。在发生相关费用或损失的未来期间，按应补偿的金额，借记“递延收益”科目，贷记“营业外收入”科目。

用于补偿企业已发生的相关费用或损失的，按收到或应收的金额，借记“银行存款”“其他应收款”等科目，贷记“营业外收入”科目。

第四，递延收益科目期末贷方余额，反映企业应在以后期间计入当期损益的政府补助。

（三）政府补助业务会计处理举例

例 15：2020 年 1 月 8 日，政府拨付某企业 480 万元拨款，要求企业用于购买大型科研设备一台。2020 年 1 月 31 日该企业购入大型设备，假设不需要安装，实际成本为 600 万元，其中 120 万元以自有资金支付，财政补贴资金 480 万元，使用寿命 10 年，采用直线法计提折旧，假定无残值。假定不考虑其他因素。

据此进行如下会计处理：

（1）2020 年 1 月 8 日收到财政拨款，确认递延收益

借：银行存款　　480

　　贷：递延收益　　480

（2）2020 年 1 月 31 日购入大型设备，确认固定资产

借：固定资产　　600

　　贷：银行存款　　600

（3）2020 年 2 月起的每个月资产负债表日，计提固定资产折旧

借：研发支出　　5

　　贷：累计折旧（600/120）　　5

（4）2020 年 2 月起的每个月资产负债表日，分摊递延收益

借：递延收益（480/120）　　4

　　贷：营业外收入　　4

二、递延收益经济性质探讨

（一）递延收益不是负债

《企业会计准则——应用指南（2006）》① 将递延收益科目归类于负债类，《关于修订印发2019年度一般企业财务报表格式的通知》② 的附件1“一般企业财务报表格式（适用于未执行新金融准则、新收入准则和新租赁准则的企业）”规定了在资产负债表的非流动负债项目中列报递延收益，并且规定“‘递延收益’项目中摊销期限只剩一年或不足一年的，或预计在一年内（含一年）进行摊销的部分，不得归类为流动负债，仍在该项目中填列，不转入‘一年内到期的非流动负债’项目”。可见，无论是理论还是实务，都将递延收益认定为负债。那么，递延收益真的是负债吗？我们认为递延收益不是负债。

第一，企业获得政府补助是无偿的，因此，获得政府补助企业无须支付任何代价，企业也没有承担任何义务。获得政府补助业务引起的资本运动不是资本投入，更不是债权资本投入。获得政府补助业务引起的资本运动是财货运动，是财货运动中的财货流入。因此，分录（1）的“贷：递延收益480”反映的不是负债增加。

第二，递延收益不能导致经济利益流出企业，不符合负债的定义。试想一下，递延收益以何方式引起了经济利益流出企业？可以找到递延收益引起经济利益流出企业的例子吗？分摊递延收益的会计分录（4）反映的是递延收益转化为营业外收入，而不是经济利益流出企业。

---

① 中华人民共和国财政部．企业会计准则——应用指南（2006）［M］．北京：中国财政经济出版社，2006：224-225.

② 会计准则委员会．关于修订印发2019年度一般企业财务报表格式的通知［EB/OL］．会计准则委员会官网，https：//www.casc.org.cn/2019/0517/203786.shtml.

（二）递延收益是未实现的利得

从字面上来理解，递延收益是计入未来摊销期的收益，这也与政府补助准则和递延收益科目的规定相吻合。是的，递延收益将成为未来期间的费用。但我们的问题是：在确认递延收益时，在递延收益形成时，递延收益是什么？或者更具体一点，在会计分录（1）中“贷：递延收益 480”反映的是什么？

由于政府补助的无偿性，获得政府补助引起的资本运动不是资本投入，而是财货流入，该资本运动导致所有者权益增加。在资本运营期间，财货运动导致的所有者权益增加，要么以收入予以反映，要么以已实现利得予以反映，要么以未实现利得予以反映，只能是三者其一。确认递延收益就是在获得政府补助时不确认当期损益，而是在递延收益的摊销期再确认，这样递延收益不是收入，也不是已实现利得，只能是未实现利得。因此，会计分录（1）中的“贷：递延收益 480”反映的是未实现利得的形成，而分录（4）则反映的是未实现利得的实现，由未实现利得转化为已实现利得。

三、递延收益会计处理的改进

（一）在“资本公积”科目下设置“递延收益”二级科目

按照《企业会计准则——应用指南》的规定，直接计入所有者权益的利得和损失通过“资本公积”科目核算，为此建议在“资本公积”科目下设置“递延收益”二级科目，用来核算递延收益。该二级科目的具体规定如下：

第一，“资本公积——递延收益”科目核算企业确认的因政府补助引起的应当计入未来期间损益的未实现利得。

第二，企业收到或应收的与资产相关的政府补助，借记“银行存款”“其他应收款”等科目，贷记“资本公积——递延收益”科目。在相关资产使用寿命内分配递延收益，借记“资本公积——递延收益”科目，贷记“营业外收入”科目。

第三，与收益相关的政府补助，用于补偿企业以后期间相关费用或损失的，按收到或应收的金额，借记“银行存款”“其他应收款”等科目，贷记“资本公积——递延收益”科目。在发生相关费用或损失的未来期间，按应补偿的金额，借记“递延收益”科目，贷记“营业外收入”科目。用于补偿企业已发生的相关费用或损失的，按收到或应收的金额，借记“银行存款”“其他应收款”等科目，贷记“营业外收入”科目。

第四，“资本公积——递延收益”科目期末贷方余额，反映企业将在以后期间实现的未实现损益。

（二）递延收益的列报

由于递延收益不是负债，将其作为负债在资产负债表的负债项下列报显然是错误的。递延收益作为未实现的利得应当按如下方式列报：

第一，递延收益的余额应当在资本公积中列报；

第二，递延收益的形成额应当在利润表的“将重分类进损益的其他综合收益”中列报，增加该项目的金额；递延收益的转销额也应当在该项目中列报，减少该项目的金额。

第七节 长期待摊费用的经济性质分析

一、长期待摊费用会计制度概述

（一）应用指南的规定

《企业会计准则——应用指南（2006）》① 对长期待摊费用科目的使用进行了规定，设置编码为 1801 的长期待摊费用科目：

第一，本科目核算企业已经发生但应由本期和以后各期负担的分摊期限在 1 年以上的各项费用，如以经营租赁方式租入的固定资产发生的改良支出等。

第二，本科目可按费用项目进行明细核算。

第三，企业发生的长期待摊费用，借记本科目，贷记“银行存款”“原材料”等科目。摊销长期待摊费用，借记“管理费用”“销售费用”等科目，贷记本科目。

第四，本科目期末借方余额，反映企业尚未摊销完毕的长期待摊费用。

（二）小企业会计准则的规定

小企业会计准则的附录《小企业会计准则——会计科目、主要账

① 中华人民共和国财政部．企业会计准则——应用指南（2006）[M]．北京：中国财政经济出版社，2006：207.

务处理和财务报表》① 也对长期待摊费用的会计处理进行了规定，同样设置编码为 1801 的长期待摊费用科目，并且规定：

第一，本科目核算小企业已提足折旧的固定资产的改建支出、经营租入固定资产的改建支出、固定资产的大修理支出和其他长期待摊费用等。

第二，本科目应按照支出项目进行明细核算。

第三，长期待摊费用的主要账务处理。（一）小企业发生的长期待摊费用，借记本科目，贷记“银行存款”“原材料”等科目。（二）按月采用年限平均法摊销长期待摊费用，应当按照长期待摊费用的受益对象，借记“制造费用”“管理费用”等科目，贷记本科目。

第四，本科目期末借方余额，反映小企业尚未摊销完毕的长期待摊费用。

（三）长期待摊费用业务会计处理举例

例 16：企业自行对经营租入的生产线进行大修理，发生大修理支出 360000 元，通过银行支付。假定大修理间隔期为 3 年。该企业按月平均摊销大修理费用，每月摊销额为 360000/36＝10000 元。

据此进行如下会计处理：

（1）确认待摊费用

借：长期待摊费用　　36

　　贷：银行存款　　36

① 会计准则委员会．小企业会计准则——会计科目、主要账务处理和财务报表［EB/OL］．会计准则委员会官网，http：//upload.news.esnai.com/2013/0804/1375586037704.pdf.

（2）每月摊销长期待摊费用，确认制造费用

借：制造费用　　　　　　1

　　贷：长期待摊费用　　1

二、长期待摊费用的经济性质探讨

（一）长期待摊费用是资产，而不是费用

本例中确认的长期待摊费用36万元，是缘于企业发生的对租入生产线的大修理业务，为此企业使用了36万元。这项大修理业务有没有为企业带来经济利益？是否有经济利益流入企业？大修理业务的目的就是使得这条生产线的功能得以恢复，提升该生产线的使用价值。可见，通常情况下大修理业务引起的资本运动不是财货流出企业，而是财货形态转换，即为大修理使用的36万元价值转到了生产线之中。分录（1）确认的长期待摊费用就是转移到生产线之中的价值。

无论是小企业还是其他企业，会计规范都要求长期待摊费用在资产负债表的资产项目中列报，而不是计入当期损益，这也佐证了长期待摊费用是资产而不是费用。

（二）长期待摊费用会计制度存在的问题

我们应当确信长期待摊费用是资产，而不是费用，不存在模糊空间，由此展开讨论。

第一，长期待摊费用的名称容易引起误解。这也反映了人们对长期待摊费用经济性质的认识模棱两可，似乎长期待摊费用既有资产的特性——要列入资产负债表的资产项目中，又有费用的特性——长期待摊的费用。

从字面直观理解，长期待摊费用是费用，是一种特殊的费用，是长

期待摊的费用。

长期待摊费用将在摊销期成为费用，就如同无形资产在摊销期转换为费用一样，但在未摊销之前（期末余额）长期待摊费用、无形资产都是资产。

第二，从《企业会计准则——应用指南（2006）》对长期待摊费用科目的规定来看，该科目核算的是“费用”。

如，“本科目核算企业已经发生（但应由本期和以后各期负担的分摊期限在1年以上）的各项费用”，暂时忽略括号中的文字，就可突出显露出其所传达的意思——“该科目核算的是费用”。

又如，“本科目可按费用项目进行明细核算”，其所传达的意思应当是“该科目的明细科目核算的费用”，各明细科目汇总起来也必然是费用。

第三，从小企业会计准则对长期待摊费用科目的规定来看，该科目核算的是“支出”。

小企业会计准则采用列举的方法规定该科目的核算内容，包括：已提足折旧的固定资产的改建支出、经营租入固定资产的改建支出、固定资产的大修理支出等。可见该科目核算的是“支出”。

又如，“本科目应按照支出项目进行明细核算”，可见该科目的明细科目核算的是“支出”，各明细科目汇总起来也必然是“支出”。

会计制度没有给出“支出”的定义，但无论是会计理论工作者，还是会计实务工作者，对“支出”还是心领神会的。“支出”缘于现金收付制会计，其雏形是现金的支出；在权责发生制会计中，“支出”指代的是经济利益的流出，包括现金但不限于现金。

第四，客观公正地来看，对长期待摊费用科目的规定，小企业会计准则比《企业会计准则——应用指南（2006）》含有更多的合理成分。

分析“支出”只是确认长期待摊费用的起点。在会计实务中，有划分收益性支出和资本性支出的惯例。从资本二维属性理论来，划分收益性支出和资本性支出，就是分析“支出”导致的资本运动。“支出”导致的资本运动是财货流出还是财货形态转换？收益性支出导致的资本运动是财货流出，此时，会计分录的借方确认费用，贷方确认“支出”——经济利益流出企业；资本性支出导致的资本运动是财货形态转换，此时，会计分录的借方要确认资产，贷方确认“支出”——经济利益流出企业。

综上所述，长期待摊费用科目核算的不是费用，也不是支出，而是“支出”形成的资产。

三、长期待摊费用会计处理的改进

首先，建议将“长期待摊费用”正名为“长期待摊资产”。固定资产将在其使用期间，通过折旧逐渐转化为费用，无形资产将在其摊销期逐渐转化为费用，逐渐转化为费用这是长期资产所具有的共性。长期待摊费用本身是长期资产，不能因为其将要摊销为费用，而将其称为“××费用”，名不正，容易将其混淆为费用。为了反映其资产的本质属性，也适当考虑现有名称，将其正名为“长期待摊资产”更合理。

其次，长期待摊费用科目更名为长期待摊资产，该科目的使用规则也修改如下：

第一，本科目核算已提足折旧的固定资产的改建支出、经营租入固定资产的改建支出、固定资产的大修理支出等形成的资产。

第二，本科目应按照支出形成的资产进行明细核算。

第三，长期待摊资产的主要账务处理。（一）企业形成的长期待摊资产，借记本科目，贷记“银行存款”“原材料”等科目。（二）按月采用年限平均法摊销长期待摊资产，应当按照长期待摊资产的受益对象，借记“制造费用”“管理费用”等科目，贷记本科目。

第四，本科目期末借方余额，反映企业尚未摊销完毕的长期待摊资产。

第七章

借款费用准则研究

本章对《企业会计准则第 17 号——借款费用（2006）》[①] 进行研究，以下简称该准则为《借款费用准则》。

会计信息系统投入角度的会计对象是经济业务，产出角度的会计对象是会计要素。借款费用只是与借款交易相关的一个概念。《借款费用准则》既没有从借款交易的角度来定义借款费用——借款费用是借款交易所得到的还是所付出的？也没有从产出的角度来定义借款费用—借款费用属于哪个会计要素？另外，从这个概念的称谓来望文生义，借款费用似乎是“因借款产生的费用”，也就是财务费用，而且费用化的借款费用就是记入财务费用，然而借款费用还有要资本化的，要记入相关的资产。《借款费用准则》并没有清晰地界定借款费用这个核心概念。

《借款费用准则》的根本缺陷是没有从会计对象角度来界定借款费用这个概念。本章探讨了借款交易的经济性质，提出资金使用权概念，认为与借款交易相关的两个要素是本金和资金使用权。借款交易实质是资金使用权交易，借款企业得到的是资金使用权。资金使用权的获得与资金使用权的耗用是投入角度的会计对象。进而定义了借款成本：借款

---

① 会计准则委员会. 企业会计准则第 17 号——借款费用（2006）[EB/OL]. 会计准则委员会官网，https：//www. casc. org. cn/2018/0815/202794. shtml.

成本是企业因借款获得资金使用权的代价。借款成本资本化是指，企业因借款获得的资金使用权的价值转移到了相关资产中，从而将借款成本计入相关资产的过程；借款成本费用化是指，企业因借款获得的资金使用权的价值没有转移到其他相关资产中，而是在获得的同时就消耗了，从而将借款成本计入当期损益的过程。

《借款费用准则》所规范的实质上是资金使用权成本的归集与分配，为此，提出设置“借款成本”科目的建议，并且设计了“借款成本归集与分配表”。

第一节　借款费用准则存在的问题

《借款费用准则》是针对借款费用的确认、计量和相关信息的披露的准则。借款费用这个概念是该准则的核心，认识借款费用的经济性质是其会计确认、计量和报告的前提。

（一）借款费用的定义

《借款费用准则》的第二条规定：“借款费用，是指企业因借款而发生的利息及其他相关成本。借款费用包括借款利息、折价或者溢价的摊销、辅助费用以及因外币借款而发生的汇兑差额等。”①

《国际会计准则第 23 号——借款费用（1993 年修订）》规定：“借款费用，指企业因借入资金而发生的利息和其他费用。借款费用可以包括：银行透支利息和长期及短期借款的利息；与借款相关的折价或

① 会计准则委员会．企业会计准则第 17 号——借款费用（2006）［EB/OL］．会计准则委员会官网，https：//www. casc. org. cn/2018/0815/202794. shtml.

溢价摊销；安排借款时发生的辅助费用的摊销；依照《国际会计准则第 17 号——租赁》确认的融资租赁所形成的融资租赁费；作为外币借款利息费用调整额的汇兑差额。"①

两个准则所列举的借款费用的内容基本相同，只是对融资租赁所形成的租赁费的归属不同。而两个准则对借款费用的界定都没有触及借款费用的经济性质，都是以列举的方式加以界定，但也有一些差异，我国会计准则将借款费用界定为"因借款发生的利息+其他相关成本"，国际会计准则将借款费用界定为"因借款发生的利息+其他相关费用"。

（二）借款费用的会计处理

《借款费用准则》第四条规定："企业发生的借款费用，可直接归属于符合资本化条件的资产的购建或者生产的，应当予以资本化，计入相关资产成本；其他借款费用，应当在发生时根据其发生额确认为费用，计入当期损益。"② 国际会计准则也有类似的规定："如果借款费用很可能为企业带来未来经济利益，并且费用可以可靠地计量，则这些借款费用应通过资本化成为该资产的组成部分。其他借款费用应在发生的当期确认为费用。"③

（三）借款费用是什么

我们借助如下两个例子来分析借款费用。

例 1：某企业为了解决日常经营需要，2020 年 3 月 1 日获得银行短期借款 900 万元，借款期限 3 个月，年利率为 8%，到期还本付息。

---

① 国际会计准则（2000）[M]．国际会计准则委员会；财政部会计准则委员会组织翻译．北京：中国财政经济出版社，2007.7：369-370.

② 会计准则委员会．企业会计准则第 17 号——借款费用（2006）[EB/OL]．会计准则委员会官网，https：//www.casc.org.cn/2018/0815/202794.shtml.

③ 国际会计准则（2000）[M]．国际会计准则委员会；财政部会计准则委员会组织翻译．北京：中国财政经济出版社，2007.7：37.

据此做如下会计分录：

（1）获得短期借款

借：银行存款　　　900

　　贷：短期借款　　900

（2）3月、4月、5月，各月末计提短期借款应付利息 900×8%÷12=6万元，共计提18万元。

借：财务费用　　　6

　　贷：应付利息　　6

（3）5月末，偿还短期借款本息

借：短期借款　　900

　　应付利息　　　18

　　贷：银行存款　　918

例2：某企业为构建固定资产，获得专项借款，2020年3月计提借款利息58万元，并且这58万元为应予以资本化的利息金额。

据此做如下会计分录：

借：在建工程　　　58

　　贷：应付利息　　58

在例1中，企业每月因借款所产生的利息为6万元，即借款费用为6万元，等于按月计提的应付利息。每月的借款费用等于6万元，3个月借款费用共计18万元。在例2中，因借款产生的利息为58万元，借款费用为58万元。

我们知道了借款费用的金额，但是我们不知道借款费用是什么。在例1和例2的会计分录中，借款费用的金额决定了财务费用的金额、在建工程的金额，但借款费用并没有在会计分录中出现。

《企业会计准则讲解（2006）》对借款费用进行了解释：“借款费

用是企业因借入资金所付出的代价，包括借款利息、折价或者溢价的摊销、辅助费用以及因外币借款而发生的汇兑差额等。"① 在例 1 中，企业因借入资金所付出的代价为 18 万元，"应付利息 18 万元" 为应支付的代价，支付现金 18 万元为支付的代价。但借款费用是属于费用要素，还是负债要素，还是什么别的要素？

第二节　借款业务的经济性质分析

我们知道会计对象是经济业务、资本运动到资本变动及会计要素，只有对经济业务进行整体分析，找出其中的资本运动，才能进而提炼出资本变动的信息。而《借款费用准则》，并没有分析借款业务，只是对借款业务所涉及的借款费用的会计处理进行规范，从而导致借款费用概念模糊，会计处理逻辑混乱。为此，应当明确借款业务的经济性质。

（一）借款业务的经济性质

在例 1 中，借款方（企业）得到了什么？出借方（银行）付出了什么？

企业在 3 月 1 日得到了 900 万元资金，每月月末支付 6 万元利息，共计支付 18 万元的利息，6 月 30 日偿还借款本金 900 万元；银行在 3 月 1 日出借 900 万元资金，每月月末收到 6 万元利息，共计收到 18 万元的利息，6 月 30 日收回借款本金 900 万元。

借款业务涉及两项重要内容：本金和利息。企业收到的本金到期要

① 财政部会计司编写组．企业会计准则讲解（2006）［M］．北京：人民出版社，2007：241.

偿还，银行借出本金到期要收回，可见交易的并不是本金。实质上，借款业务交易的是资金的使用权。就如同租赁房屋一样，租赁房屋交易的是房屋的使用权，而不是房屋的所有权。利息就是资金使用权的租金，即获得资金使用权的代价。

具体来说，企业得到的是900万元资金3个月的使用权；银行付出的是900万元资金3个月的使用权，短期借款业务双方交易的是900万元资金3个月的使用权。银行收回的900万元本金与出借的900万元本金，金额上没有差别，但是价值（使用价值）上是有差别的，银行已经失去了3个月的使用价值。同样，从企业的角度来看，企业偿还的900万元本金与取得的900万元本金，金额上没有差别，但是价值（使用价值）上是有差别的，企业已获得了3月1日~5月31日之间的使用价值。18万元的利息是双方交易900万元资金3个月的使用权的价款。

综上所述，借款业务的本质是资金使用权交易。

（二）资金使用权的特性

资金使用权赋予了其持有者使用资金的权利。资金使用权是一种特殊的财货，它是有价值的，有交换价值和使用价值。企业购买的原材料，可以储存在仓库，但资金使用权这种财货不可储存，随着时间而流逝。正因为资金使用权不能储存，故难于确认为资产，但是也不能否认企业因借款而获得了资金使用权这种财货。

1. 对例1的考察

我们重新考察例1的会计处理，会计分录（1）只记录了获取借款本金，而获取的资金使用权并没有得到反映，可见，现行会计实务没有真实反映借款业务的经济性质，没有反映获取资金使用权交易。如果将获取资金使用权交易进行反映，会计分录（2）就应改写为如下两笔分录：

（2.1）3月、4月、5月，各月末计提短期借款计提应付利息，确认获得资金使用权。

借：资金使用权　　6

　　贷：应付利息　　6

（2.2）确认资金使用权消耗和财务费用

借：财务费用　　2.5

　　贷：资金使用权　2.5

分录（2.1）反映了债务资本投入引起的财货增加和负债增加，即企业为获得资金使用权而承担应付利息的义务；分录（2.2）反映了财货运动（资金使用权消耗）导致财货减少和所有者权益减少。

由于资金使用权这种财货的特殊性，现行会计实务没有记录资金使用权交易，故将分录（2.1）和（2.2）合并为一笔分录，合并之后的会计分录就对销了资金使用权，不能准确反映债务资本投入和资金使用权消耗这两项资本运动，只能牵强地将财务费用解释为“负债形成产生的费用”，这是非常严重的认识错误。

综上所述，在例1中，会计分录（2）的借方和贷方之间不存在因果关系，应付利息的形成是因为企业获得了资金使用权，财务费用的形成是因为企业消耗了资金使用权。

2. 对例2的考察

我们重新考察例2的会计处理。如果将获取资金使用权交易进行反映，例2的会计分录就应改写为如下两笔分录：

（1）获取资金使用权，确认应付利息。

借：资金使用权　58

　　贷：应付利息　58

（2）确认资金使用权耗用

借：在建工程　　　58

　　贷：资金使用权 58

分录（1）反映了企业获得资金使用权交易，反映了债务资本投入，企业因获得资金使用权而承担义务，应付利息的形成是因为企业获得了资金使用权。

分录（2）反映了资金使用权的消耗，资金使用权这种特殊的财货的价值转移到在建的资产之中，反映了财货价值转移。

综上所述，借款业务实际上包含两笔经济业务，其一是资金使用权交易，获得资金使用权；其二是资金使用权的运用。由于资金使用权获得的同时就耗用了，现行会计实务并不反映资金使用权，因此，现行会计实务有关借款业务的会计处理不能全面、真实地反映经济业务的本质。

第三节　借款费用准则的改进

现行会计体系中，对费用概念的运用是比较混乱的。管理费用是费用，财务费用是费用，它们反映的是财货运动或权益运动导致的所有者权益减少，是计入利润表的项目。但是，制造费用并不是费用，制造费用是“成本”，其归集的间接生产成本最终要分配计入生产成本、劳务成本等成本之中，本质属性为资产，是计入资产负债表的项目。

《借款费用准则》中的借款费用不是诸如管理费用、财务费用之类的费用，而是类似于制造费用概念的成本，更接近于生产成本科目。

由于经济理论或会计理论中没有资金使用权交易这个概念，现行会计实务并没有对资金使用权交易进行会计处理，跳过了资金使用权的取得而确认应付利息义务，跳过了资金使用权的耗费而确认财务费用或者是在建工程等。

《借款费用准则》实质上所规范的是资金使用权的会计处理，借款费用这个概念实质上应当是“因借款获得的资金使用权所发生的成本”，简称为借款成本。

资金使用权成本实质上就是资金使用权这种财货的价值，按照历史成本计量的资金使用权的价值。

为此给出借款成本的定义：

借款成本是指因借款获得资金使用权所发生的利息成本及其他相关成本。

借款成本的成本核算对象为资金使用权，是企业获得资金使用权所付出的代价，借款成本由借款获得资金使用权所付出的代价计量。借款成本包括与借款利息、折价或者溢价的摊销、因外币借款而发生的汇兑差额相关的成本，借款的辅助成本等。

借款成本资本化是指，企业因借款获得的资金使用权的价值转移到了相关资产中，从而将借款成本计入相关资产的过程。

借款成本费用化是指，企业因借款获得的资金使用权的价值没有转移到其他相关资产中，而是在获得的同时就消耗了，从而将借款成本计入当期损益的过程。

例 3：某公司于 2021 年 1 月 1 日开工兴建一座厂房，工期计划为 1 年零 6 个月，工程采用出包方式，分别于 2021 年 1 月 1 日、2021 年 7 月 1 日和 2022 年 1 月 1 日支付工程进度款，具体金额如表 7-1 所示。

表 7-1　工程款支付进度表

日期	每期资产支出金额（万元）	累计资产支出金额（万元）	长期应付款——专门借款 A（万元）	长期应付款——专门借款 B（万元）	闲置资金用于短期投资金额（万元）
2021 年 1 月 1 日	1500	1500	2000	-	500
2021 年 7 月 1 日	2500	4000	2000	4000	2000①
2022 年 1 月 1 日	1500	5500	2000	4000	500
合计	5500				

公司为建造厂房于 2021 年 1 月 1 日取得一笔专门借款（称为借款 A）2000 万元，借款期限为 3 年，年利率为 6%，每年支付一次利息，到期一次还本。在 2021 年 7 月 1 日获得一笔专门借款（称为借款 B）4000 万元，借款期限为 5 年，年利率为 7%，每年支付一次利息，到期一次还本。假定名义利率与实际利率相等。

暂时闲置的专门借款均用于固定收益债券短期投资，月收益率为 0.5%。专门借款的暂时闲置金额见表 7-1。

厂房于 2022 年 6 月 30 日完工，达到预定可使用状态。项目竣工日期为借款成本资本化与费用化的分界点，因此，2022 年 6 月 30 日之间发生的借款成本应当资本化，之后发生的借款成本则应当计入当期损益。

根据以上资料分别编制表 7-2 和表 7-3，用以反映各项专门借款的成本归集与分配，借款成本之前的各列用于借款成本的归集，之后的各列为借款成本的分配。

① 此处我们假定闲置资金 2000 万元全部为专门借款 B，而专门借款 A 已经被全部动用。

表 7-2 借款成本归集与分配表——专门借款 A

日期	借款本金（万元）	应付利息（万元）	闲置资金用于短期投资金额（万元）	应收利息（万元）	借款成本（万元）	资本化金额（万元）	费用化金额（万元）
2021 年 1 月 1 日	2000	-	500	-	-	-	-
2021 年 6 月 30 日		60	0	15	45	45	0
2021 年 12 月 31 日		60	0	0	60	60	0
2022 年 6 月 30 日		60	0	0	60	60	0
2022 年 12 月 31 日		60	0	0	60	-	60
2022 年 6 月 30 日		60	0	0	60	-	60
2022 年 12 月 31 日		60	0	0	60	-	60
合计		360		15	345	165	180

在表 7-2 中：

每半年应计提的应付利息为 2000×6%/2=60 万元；

2021 年上半年的应收利息为 500×0.5%×6=15 万元；

2021 年上半年的借款成本为 60-15=45 万元；

借款成本资本化金额为 45 万元，费用化金额为 0。

表 7-3 借款成本归集与分配表——专门借款 B

日期	借款本金（万元）	应付利息（万元）	闲置资金用于短期投资金额（万元）	应收利息（万元）	借款成本（万元）	资本化金额（万元）	费用化金额（万元）
2021 年 1 月 1 日	-	-	-	-	-	-	-
2021 年 6 月 30 日	4000		2000	-	-	-	-
2021 年 12 月 31 日		140	500	60	80	80	0
2022 年 6 月 30 日		140	500	15	125	125	0
2022 年 12 月 31 日		140	500	15	125	-	125
2022 年 6 月 30 日		140	500	15	125	-	125
2022 年 12 月 31 日		140	500	15	125	-	125

续表

日期	借款本金（万元）	应付利息（万元）	闲置资金用于短期投资金额（万元）	应收利息（万元）	借款成本（万元）	资本化金额（万元）	费用化金额（万元）
2023 年 6 月 30 日		140	500	15	125	-	125
2023 年 12 月 31 日		140	500	15	125	-	125
2024 年 6 月 30 日		140	500	15	125	-	125
2025 年 12 月 31 日		140	500	15	125	-	125
合计		1260		180	1080	205	875

根据以上资料编制如下会计分录：

（1）2021 年 1 月 1 日，取得专门借款 A

借：银行存款　　　　　　　　　　　　　2000

　　贷：长期应付款——专门借款 A　　　2000

（2）2021 年 1 月 1 日，支付第一笔工程款

借：在建工程——厂房　　　1500

　　贷：银行存款　　　　　　　　1500

（3）2021 年 6 月 30 日，确认专门借款 A 的应付利息和应收利息，归集借款成本

借：借款成本——专门借款 A　　　　45

　　应收利息　　　　　　　　　　　15

　　贷：应付利息——专门借款 A　　60

（4）2021 年 6 月 30 日，分配借款成本，借款成本全部资本化

借：在建工程——厂房　　　　　　　45

　　贷：借款成本——专门借款 A　　45

分录（3）和（4）设置了借款成本科目，用于归集和分配因借款获得的资金使用权成本。分录（3）反映了获得资金使用权所付出的成

本，分录（4）反映了资金使用权的价值转移到在建工程中。由此可见，设置借款成本科目可以准确、完整地反映经济业务性质及借贷双方之间的因果关系。

现行会计实务没有反映借款成本，而是将这两笔分录简化为如下一笔分录：

借：在建工程——厂房 45

应收利息 15

贷：应付利息——专门借款 A 60

尽管这种处理方法能够正确反映在建工程的价值，但不能反映价值的构成，不能揭示资金使用权价值转移到在建工程中；借贷双方只存在平衡关系，不存在因果关系。

例 4：沿用例 3 的资料，假定只有专门借款 A，无其他专用借款。

在厂房建设过程中占用了两笔有产借款，具体资料如下：

（1）一般借款 N：向银行长期贷款 2000 万元，期限为 2020 年 12 月 1 日至 2023 年 12 月 1 日，年利率为 6%，每半年支付一次利息，到期还本。

（2）一般借款 M：发行公司债券 1 亿元，2020 年 1 月 1 日发行，期限 5 年，年利率为 8%，每半年支付一次利息，到期还本。

本例主要解释一般借款成本如何划分为资本化和费用化两部分的原理，其核心是构建资产耗用的资金使用权应当资本化，否则应当费用化。首先计算一般借款有多少比例用于构建资产，采用如下公式：

一般借款被占用比率 = 构建资产占用的一般借款/一般借款总额

在 2021 年 1 月 1 日开始的第一个建设期（半年），专门借款有闲置，故没有占用一般借款，故一般借款的被占用比率为 0；

在 2021 年 7 月 1 日开始的第二个建设期（半年），被占用的一般借款为 2000 万元，一般借款被占用比率为 16.67%，见表 7-4。

在 2022 年 1 月 1 日开始的第三个建设期（半年），一般借款被占用比率为 29.17%，见表 7-4。

表 7-4　一般借款被占用比率计算表

日期	每期资产支出金额（万元）	累计资产支出金额（万元）	占用专门借款 A（万元）	一般借款 N（万元）	一般借款 M（万元）	一般借款合计（万元）	闲置专门借款资金用于短期投资金额（万元）	占用一般借款（万元）	一般借款被占用比率（%）
2021 年 1 月 1 日	1500	1500	2000	2000	10000	12000	500	0	0
2021 年 7 月 1 日	2500	4000	2000	2000	10000	12000	0	2000	16.67
2022 年 1 月 1 日	1500	5500	2000	2000	10000	12000	0	3500	29.17

一般借款被占用比率就是一般借款成本的资本化比率，这体现了构建资产耗用的资金使用权成本才可资本化。据此编制一般借款成本归集分配表，见表 7-5 和表 7-6。

表 7-5 和表 7-6 中的借款成本资本化比率等于表 7-4 中的一般借款被占用比率，其基本原理是构建资产所占用的一般借款的成本应当资本化，否则就应当费用化。在表 7-5 和表 7-6 中，只有在厂房建设的第二和第三个半年，即 2021 年 7 月 1 日~2021 年 12 月 31 日、2022 年 1 月 1 日~2022 年 6 月 30 日这两个期间发生的一般借款成本符合资本化条件，按借款成本资本化比率确定借款成本资本化金额，其余期间发生的借款成本均应当费用化。例如，在厂房构建的第二个半年，一般借款 N 的借款成本资本化金额为：60×16.67=10 万元，费用化金额为 60-10=50 万元。

表 7-5 借款成本归集与分配表——一般借款 N

日期	借款本金（万元）	应付利息（万元）	借款成本（万元）	借款成本资本化比率（%）	资本化金额（万元）	费用化金额（万元）
2020 年 12 月 1 日	2000	–	–	–	–	–
2020 年 12 月 31 日	2000	10	10	0	0	10
2021 年 6 月 30 日	2000	60	60	0	0	60
2021 年 12 月 31 日	2000	60	60	16. 67	10	50
2022 年 6 月 30 日	2000	60	60	29. 17	17. 5	42. 5
2022 年 12 月 31 日	2000	60	60	0	0	60
2023 年 6 月 30 日	2000	60	60	0	0	60
2023 年 12 月 1 日	2000	50	50	0	0	50
合计		360	360		27. 5	332. 5

表 7-6 借款成本归集与分配表——一般借款 M

日期	借款本金（万元）	应付利息（万元）	借款成本（万元）	借款成本资本化比率（%）	资本化金额（万元）	费用化金额（万元）
2020 年 1 月 1 日	10000	–	–	–	–	–
2020 年 6 月 30 日	10000	400	400	0	0	400
2020 年 12 月 31 日	10000	400	400	0	0	400
2021 年 6 月 30 日	10000	400	400	0	0	400
2021 年 12 月 31 日	10000	400	400	16. 67	66. 68	333. 32
2022 年 6 月 30 日	10000	400	400	29. 17	116. 68	283. 32
2022 年 12 月 31 日	10000	400	400	0	0	400
2023 年 6 月 30 日	10000	400	400	0	0	400
2023 年 12 月 31 日	10000	400	400	0	0	400
2024 年 6 月 30 日	10000	400	400	0	0	400
2024 年 12 月 31 日	10000	400	400	0	0	400
合计		4000	4000		183. 36	3816. 64

依据表 7-5 和表 7-6，可以对一般借款成本归集与分配进行会计处理。

（1）2021 年 12 月 31 日，归集 2021 年 7 月 1 日～2021 年 12 月 31 日期间发生的一般借款成本。

借：借款成本——一般借款 N　　60

　　贷：应付利息——一般借款 N　　60

借：借款成本——一般借款 M　　400

　　贷：应付债券——应付利息——一般借款 M　　400

（2）2021 年 12 月 31 日，分配 2021 年 7 月 1 日～2021 年 12 月 31 日期间发生的一般借款成本。

借：在建工程——厂房　　10

　　财务费用　　50

　　贷：借款成本——一般借款 N　　60

借：在建工程——厂房　　66.68

　　财务费用　　333.32

　　贷：借款成本——一般借款 M　　400

第八章

所得税准则研究

本章对依据《企业会计准则第 18 号——所得税》① 确认的“递延所得税资产”的性质进行探讨，分析认为，“递延所得税资产”不符合资产的定义，因此不应当确认为资产；“递延所得税资产”是未来期间的所得税费用，是应当直接计入所有者权益的未实现所得税费用，建议在“资本公积”科目下设置“递延所得税费用”二级科目来核算。

本章还对递延所得税负债与应交所得税进行了比较研究。递延所得税负债和应交所得税都是负债，都是所得税负债，但它们也有很大的差异：第一，递延所得税负债是依据会计准则确认的所得税负债，而应交所得税是依据税法确认的所得税负债；第二，递延所得税负债是早于应交所得税而确认的所得税负债；第三，递延所得税负债是长期所得税负债，而应交所得税是短期所得税负债；第四，递延所得税负债在应纳税暂时性差异的转销期转换为应交所得税。在此基础上提出将递延所得税负债更名为“长期所得税负债”，这个名称直观、清晰，可以比较准确地反映递延所得税负债的特性，不会产生任何误解，也可以更好地反映

① 会计准则委员会．企业会计准则第 18 号——所得税［EB/OL］．会计准则委员会官网，https：//www. casc. org. cn/2018/0815/202793. shtml

应交所得税与递延所得税负债之间的关系——递延所得税负债在摊销期转换为应交所得税，只是长期所得税负债转换为流动所得税负债；按照税法只需确认应交所得税，按照会计准则还要确认应纳税暂时差异产生的长期所得税负债。

第一节　递延所得税资产的性质探讨

按照《企业会计准则第 18 号——所得税》（以下简称为《所得税准则》）的规定：资产的计税基础，是指企业收回资产账面价值过程中，计算应纳税所得额时按照税法规定可以自应税经济利益中抵扣的金额；企业在取得资产时，应当确定其计税基础。资产的账面价值低于其计税基础的，应当按照本准则规定确认所产生的递延所得税资产。《企业会计准则——应用指南》在资产类科目，中设置了编码为 1811 的“递延所得税资产”科目，用于核算递延所得税资产。由此可见，《所得税准则》是将“递延所得税资产”作为资产进行确认的。本节将探讨以下几个问题：

第一，“递延所得税资产”是资产吗？

第二，如果“递延所得税资产”不是资产，那是什么？

第三，所得税费用是什么？所得税费用的经济性质是什么？

一、递延所得税资产的确认及转销

《所得税准则》规定：“暂时性差异，是指资产或负债的账面价值与其计税基础之间的差额。按照暂时性差异对未来期间应税金额的影响，分为应纳税暂时性差异和可抵扣暂时性差异。①应纳税暂时性差异，是指在确定未来收回资产或清偿负债期间的应纳税所得额时，将导致产生应税金额的暂时性差异。②可抵扣暂时性差异，是指在确定未来收回资产或清偿负债期间的应纳税所得额时，将导致产生可抵扣金额的暂时性差异。”存在可抵扣暂时性差异的，应当按照本准则规定确认递延所得税资产。

例 1：某公司持有某项存货的账面价值为 35800 元，根据市场状况判断其预计可变现净值为 35000 元，2011 年 12 月 31 日对持有的该存货计提存货跌价准备 800 元，2011 年实现利润 3200 元。2012 年该存货全部售出，2012 年实现利润 5600 元。该公司适用的所得税税率为 25%。分析存货跌价准备业务对所得税的影响。

会计准则要求企业在期末对出现减值迹象的存货进行测试，如果其可收回金额低于账面价值，则应当按照可收回金额低于账面价值的差额计提存货跌价准备。但税法规定，只有实际发生的存货减值损失才能从应纳税所得额中扣除。由此产生的矛盾是企业按照会计准则计入当期损益的存货跌价损失，已经在利润总额中扣除，但按照税法规定却不能在当期应纳税所得额中扣除，需要待存货出售时才能将其损失从应纳税所得额中扣除。

存货计提跌价准备对所得税的影响可以分为两个阶段：一是计提存货跌价准备的当期，企业需要对已经计入当期损益但税法不予承认的存货跌价损失作纳税调整，增加当期应纳税所得额；二是对已提取存货跌价准备的存货处置或变现时，转销存货跌价准备，同时减少当期应纳税所得额。

（1）2011 年 12 月 31 日，计提存货跌价准备：

借：资产减值损失　　　　800

　　贷：存货跌价准备　　　　800

（2）计算2011年计提存货跌价准备对所得税的影响：

计提存货跌价准备产生的存货跌价损失，按照税法的规定不得从应纳税所得额中扣除，因此，2011年该公司应纳税所得额=会计利润+资产减值损失=3200+800=4000元。进而，应交所得税=4000×25%=1000元。

计提存货跌价准备后，2011年12月31日，存货的账面价值为35000，计税基础为35800元，形成可抵扣暂时性差异为35800-35000=800元，因此，按照《所得税准则》应当确认递延所得税资产=800×25%=200元。

所得税费用=应交所得税-递延所得税资产=1000-200=800元

据此，做如下会计分录：

借：所得税费用（1000-200）　　800

　　递延所得税资产（800×25%）　　200

　　贷：应交税费——应交所得税（4000×25%）　　1000

由该分录可以看出，该公司在2011年确认了“递延所得税资产”200元。我们的问题是：这项“递延所得税资产”是资产吗?

（3）2012年出售存货时结转存货跌价准备：

借：存货跌价准备　　800

　　贷：主营业务成本　　800

（4）计算2012年计提存货跌价准备对所得税的影响：

计提存货跌价准备产生的存货跌价损失，按照税法的规定可以从出售存货当期的应纳税所得额中扣除，因此，2012年应纳税所得额=会计利润-存货跌价损失=5600-800=4800元，进而，应交所得税=4800×25%=1200元。

该项存货在2012年已经售出，到2012年12月31日，该项存货的账面价值为0，其计税基础也是0，可抵扣暂时性差异也为0，因此，递延所得税资产的期末余额为0，递延所得税资产的期初余额200元应当在本年全部转销，因此，所得税费用=应交所得税+本期转销递延所得税资产=1200+200=1400元。

据此，作如下会计分录：

借：所得税费用（1200+200）　　　　1400

　　贷：应交税费——应交所得税（4800×25%）　　1200

　　　　递延所得税资产　　　　200

二、递延所得税资产不符合资产的定义

（一）递延所得税资产不能减少未来应交所得税

《企业会计准则讲解（2006）》阐述了确认递延所得税资产的逻辑：

“所得税会计是会计与税收规定之间的差异在所得税会计核算中的具体体现。所得税准则采用资产负债表债务法核算所得税。

资产负债表债务法较为完全地体现了资产负债观，在所得税的会计核算方面贯彻了资产、负债的界定。从资产负债表角度考虑，资产的账面价值代表的是企业在持续持有及最终处置某项资产的一定期间内，该项资产为企业带来的未来经济利益，而其计税基础代表的是在这一期间内，就该项资产按照税法规定可以税前扣除的金额。

一项资产的账面价值小于其计税基础的，表明该项资产于未来期间产生的经济利益流入低于按照税法规定允许税前扣除的金额，产生可抵减未来期间应纳税所得额的因素，减少未来期间以应交所得税的方式流出企业的经济利益，从其产生时点来看，应确认为资产。

反之，一项资产的账面价值大于其计税基础的，两者之间的差额将会于未来期间产生应税金额，增加未来期间的应纳税所得额及应交所得税，对企业形成经济利益流出的义务，应确认为负债。”①

上述逻辑的要点是：递延所得税资产会以减少未来期间应交所得税的方式，减少流出企业的经济利益。由例 1 的会计处理可以看出，该公司 2012 年的应交所得税，是由应纳税所得额和适用所得税税率决定的，递延所得税资产的转销并没有减少应交所得税，只是增加了所得税费用。事实上，应纳税所得额、所得税税率、应交所得税的金额是由税法决定的，递延所得税资产并不能改变这些，递延所得税资产改变的是所得税费用在各会计期间的分布。这就证明了上述阐述的确认递延所得税资产的逻辑是错误的。

我们借助例 2 予以进一步说明。

例 2：以例 1 为基础，假定计提的存货跌价准备增加了 1000 元，与跌价准备有关的数据进行相应调整，其他保持不变。有关资料调整如下：

某公司持有某项存货的账面价值为 35800 元，根据市场状况判断其预计可变现净值为 34000（35000-1000）元，2011 年 12 月 31 日对持有的该项存货计提存货跌价准备 1800（800+1000）元，2011 年实现利润 2200（3200-1000）元。2012 年该项存货全部售出，2012 年实现利润 6600（5600+1000）元。该公司适用的所得税税率为 25%。分析存货跌价准备增加 1000 元的影响。

编制表 8-1，分析计提存货跌价准备增加了 1000 元产生影响。第一，导致 2011 年递延所得税资产增加了 250 元；第二，导致 2011 年所

① 财政部会计司编写组．企业会计准则讲解（2006）[M]．北京：人民出版社，2007：251.

得税费用减少了 250 元；第三，导致 2012 年所得税费用增加了 250 元；第四，对 2011 年和 2012 年的应纳税所得额、应交所得税没有任何影响。

表 8-1 计提存货跌价准备增加的影响

项　目	例 1	例 2	例 2-例 1
存货账面价值（元）	35800	35800	0
可变现净值（元）	35000	34000	-1000
计提存货跌价准备（元）	800	1800	1000
2011 年度：			
2011 年净利润（元）	3200	2200	-1000
2011 年应纳税所得税额（元）	4000	4000	0
所得税税率（%）	25	25	0
2011 年确认的应交所得税（元）	1000	1000	0
2011 年确认的所得税费用（元）	800	550	-250
2011 年确认的递延所得税资产（元）	200	450	250
2012 年度：			
2012 年净利润（元）	5600	6600	1000
2012 年应纳税所得税额（元）	4800	4800	0
所得税税率（%）	25	25	0
2012 年确认的应交所得税（元）	1200	1200	0
2012 年确认的所得税费用（元）	1400	1650	250
2012 年确认的递延所得税资产（元）	-200	-450	-250

我们从表 8-1 中可以看到，递延所得税资产产生的效果：减少了确认递延所得税当年（2011 年）的所得税费用 250 元，而增加了转销年度（2012 年）的所得税费用 250 元，综合效果是推迟了所得税费用的确认。

如果递延所得税资产可以减少未来应交所得税，那么 2011 年增加了 250 元的递延所得税资产，应该减少未来的应交所得税，但 2012 年的应交所得税并没有减少，仍然是 1200 元。可见，在本例中，递延所得税资产不能减少未来应交所得税。

（二）递延所得税资产不能为企业带来经济利益

包含经济利益是资产的必备条件。按照国际会计准则，资产中包含的经济利益可以通过以下方式流入企业：第一，具有使用价值，可以用于企业的生产经营活动；第二，具有交换价值，可以换取其他资产；第三，可以用于偿还债务；第四，可以分配给企业的所有者。

递延所得税资产不能以减少应交所得税的方式为企业带来经济利益，那么递延所得税资产能否以其他方式为企业带来经济利益？我们回顾例 1 中的分录（4），分录（4）的“贷：递延所得税资产 200”反映了递延所得税资产的转销，分录（4）的“借：所得税费用 1400”反映的是所得税费用的形成，由此可见，递延所得税资产的转销给企业带来的是所得税费用，并没有给企业带来经济利益。递延所得税资产并不能通过转化为其他资产的方式为企业带来经济利益。

尽管资产也可以转化为费用，如管理用的固定资产就是通过折旧转化为费用，但是该项固定资产为企业提供了使用价值，即该项资产在转化为费用的过程中为企业带来了经济利益，递延所得税资产不具备这一点，不具有使用价值。

递延所得税资产没有使用价值、不能变现、不能将其卖给他人，递延所得税资产不能减少未来应交所得税，可见递延所得税资产并不能为企业带来经济利益，递延所得税资产不符合资产的定义，递延所得税资产不是资产。

三、递延所得税资产是什么

（一）应交所得税是如何形成的

从资本运动的角度来看，可能导致应交所得税形成的资本运动分为两类：第一，资本投入，债权资本投入；第二，权益运动。应交所得税是由税法决定的，企业只是承担了应交所得税的义务，而企业并没有得到对应的资产投入。可见，应交所得税的形成不是债权资本投入，只能是权益运动形成的。

可以引起应交所得税形成的权益运动包括：第一，权益形态转换；第二，义务增值；第三，义务形成。比如，利润分配导致的所有者权益转换负债，为权益转换形成的义务；企业债务重组，将逾期的债务转换为另一新债务，也是权益转换形成的义务；由于市场利率下降导致义务价值上升则属于义务增值；企业因污染环境而被处以罚款，形成了交纳罚款的义务，属于义务形成。应交所得税的形成，不是权益形态转换，不是义务增值，只能是义务形成。应交所得税是所得税法要求企业承担的法定义务。

（二）应交所得税形成引起的资本变动

我们已经认识到应交所得税的形成是资本运动中的权益运动，是权益运动中的义务形成。我们再来分析应交所得税形成引起的资本变动。第一，应交所得税的形成必然导致负债价值增加；第二，负债价值增加（因不是债务资本投入，资产价值没有增加），必然导致所有者权益减少；第三，所有者权益减少（因不是权益资本退出，资产价值没有减少），因为是义务形成引起的，因此，所有者权益减少形成费用（如果所得税义务形成属于日常经济业务）或者损失（如果所得税义务形成属于非日常经济业务）。即应交所得税形成引起的资本变动是：负债增加、费用形成或损失形成。

（三）递延所得税资产是未实现的所得税费用

我们再分析例1中的分录（2），“贷：应交税费——应交所得税1000”反映的是应交所得税的形成；借方应当也只能反映所有者权益减少，其中“借：所得税费用800”反映的是所得税费用，也就是将计提应交所得税形成看作是企业日常经济业务，而所得税费用是因义务形成导致的所有者权益减少。前面我们已经分析了递延所得税资产不是资产，这里我们可以进一步推论出：“借：递延所得税资产200”反映的是所有者权益减少。

财货运动或权益运动导致的所有者权益减少，要么是费用要么是损失；损失要么计入当期损益，要么直接计入所有者权益。据此可以推论，递延所得税资产应当是直接计入所有者权益的损失，是未实现的所得税费用，是将在以后期间实现的所得税费用。

我们再一次回顾例1中的分录（4）。将分录（4）分解为如下两笔分录：

（5）计提应交所得税，确认当期所得税费用

借：所得税费用　　　　　　　　　　　　　　1200

　　贷：应交税费——应交所得税（4800×25%）　　1200

（6）转销递延所得税资产，确认所得税费用

借：所得税费用　　　　　　　　200

　　贷：递延所得税资产　　　　　　200

分录（5）反映的是义务形成导致所得税费用的形成。分录（6）反映的是未实现的所得税费用转化为已实现的所得税费用，这进一步证

明了递延所得税资产本质上是未实现的所得税费用。

如果将可抵扣暂时性差异的发生期和转销看作是一个大的会计期间，那么在这个大的期间中，所得税费用等于应交所得税。在可抵扣暂时性差异的发生期，应交所得税大于所得税费用，其差额是确认的递延所得税资产；在可抵扣暂时性差异的转销期，应交所得税小于所得税费用，其差额是确认的递延所得税资产。可见，所得税费用本质上是由应交所得税义务决定的，确认的递延所得税资产只是将所得税费用递延到转销期。

例 3：某企业近三年的会计利润、可抵扣暂时性差异如表 8-2 所示，所得税税率为 25%。据此计算出表 8-2 中其他各列数据。

表 8-2　计提存货跌价准备增加的影响

年度	会计利润（元）	可抵扣暂时性差异（元）	应纳税所得额（元）	应交所得税（元）	递延所得税资产（元）	所得税费用（元）	净利润（元）
1	400	600	1000	250	150	100	300
2	1300	-300	1000	250	-75	325	975
3	2300	-300	2000	500	-75	575	1725
合计	4000	0	4000	1000	0	1000	3000

由表 8-2 可见，在可抵扣暂时性差异形成到转销的三年，应交所得税合计为 1000 元，所得税费用等于应交所得税合计 1000 元；在递延所得税资产形成期间，确认了递延所得税资产 150 元，导致所得税费用比应交所得税少 150 元；在递延所得税资产转销期间，每年转销递延所得税资产 75 元，导致所得税费用比应交所得税多 75 元。这就说明，递延所得税资产在转销期要转化为所得税费用。

实施《企业会计准则第 18 号——所得税》以前，我国会计规范对所得税会计方法没有统一要求，允许企业选用应付税款法、递延法和收益表债务法，国内企业普遍采用应付税款法，极少数企业采用递延法或收益表债务法。《所得税准则》规定采用资产负债表债务法核算所得税。四种方法的主要区别在于计算所得税费用采用了不同的方法。应付税款法最为简单，所得税费用就等于按照税法规定计算的应交所得税。应付税款法的合理性在于将所得税费用看作是国际会计准则列举的“负债形成产生的费用”。按照国际会计准则《编制和呈报财务报表的基本框架》的第98条，负债形成如果没有导致资产增加，就应当在利润表中确认一笔费用。按照资产负债表债务法，在可抵扣暂时性差异的发生期确认的所得税费用小于应交所得税负债，其差额即为递延所得税资产。该差额不能确认为资产，因为前面已经证明了“递延所得税资产”不符合资产的定义；又因为所有者权益为剩余权益，应交所得税负债的形成没有形成资产则必然导致所有者权益减少，其中的一部分确认为所得税费用，间接导致所有者权益减少，递延所得税资产反映的只能是直接该计入所有者权益的损失。

《所得税准则》采用资产负债表债务法核算所得税，其最终目的是要使得各期所得税费用与会计利润相配比——在会计利润较多的期间确认的所得税费用也较多，这是该处理方法与应付税款法的根本性差别，因此该方法确认的所得税费用或早于或滞后于应交所得税义务的形成，可抵扣暂时性差异产生的效果是所得税费用的确认滞后于应交所得税义务的形成，而应纳税暂时性差异产生的效果是所得税费用的确认先于应交所得税义务的形成。

递延所得税资产不是资产；递延所得税资产是应交所得税义务导致的所有者权益减少，但不计入当期损益，因此不是费用，不是所得税费用，只能是直接计入所有者权益的损失，因此是未实现的损失，是未实现的所得税费用。

递延所得税资产就是未实现的所得税费用；未实现所得税费用反映的是：由于存在可抵扣暂时性差异，按照税法的规定应交所得税义务已经形成，但是按照会计准则所得税费用并没有形成，只是形成了未实现的所得税费用，未实现的所得税费用将在未来期间实现时重分类为所得税费用。

（四）递延所得税资产会计处理的改进建议

第一，将递延所得税资产更名为递延所得税费用。

递延所得税资产实质上是未实现的所得税费用，将在可抵扣暂时性差异的转销期转化为已实现的所得税费用，计入转销期的损益。将递延所得税资产更名为“递延所得税费用”，即延续了其原名称中的“递延”，只是将所得税资产更正为所得税费用。“递延所得税费用”的字面意思应理解为“被递延到以后各期的所得税费用”，“延迟到以后期间的所得税费用”。

第二，按照《企业会计准则——应用指南》的规定，直接计入所有者权益的利得和损失通过“资本公积”科目核算，为此建议在“资本公积”科目下设置“递延所得税费用”二级科目，用来核算未实现所得税费用。“资本公积——未实现所得税费用”科目的借方发生额反映可抵扣暂时性差异引起的不应当计入当期损益而应当直接计入所有者权益的未实现所得税费用，会计分录为：借“资本公积——未实现所得税费用”，贷“应交所得税”；该科目贷方发生额反映转入当期损益的未实现所得税费用，会计分录为：借“所得税费用”，贷“资本公积——未实现所得税费用”；该科目的余额在借方，反映将在未来期间实现的未实现所得税费用。

第二节 递延所得税负债的性质探讨

一、递延所得税负债的形成及转换

借助例 4 来讨论递延所得税负债。

例 4：某企业 2011 年发生研究开发支出 1000 万元，全部资本化计入无形资产成本。税法规定企业发生的研究开发支出可按实际发生额的 150%加计扣除。假定所开发的无形资产于期末达到预定使用状态，该无形资产的摊销期限为 5 年，无残值。

该企业 2011~2016 年度的会计利润如表 8-3 所示。各年度所得税税率均为 25%。假定企业递延所得税资产和递延所得税负债均不存在期初余额，除了与该无形资产构建有关的纳税差异之外，无其他纳税差异。

表 8-3 递延所得税负债的形成与摊销

	2011	2012	2013	2014	2015	2016	合计
会计利润（万元）	5000	5000	5000	5000	5000	5000	30000
开发无形资产支出（万元）	1000						
可税前加计 150% 扣除（万元）	1500						
其中资本化为无形资产（万元）	1000						
产生应纳税暂时性差异（万元）	1000	-200	-200	-200	-200	-200	0

续表

	2011	2012	2013	2014	2015	2016	合计
应纳税所得税额（万元）	3500	5200	5200	5200	5200	5200	29500
所得税税率（万元）	25%	25%	25%	25%	25%	25%	
应交所得税（万元）	875	1300	1300	1300	1300	1300	7375
递延所得税负债（万元）	250	-50	-50	-50	-50	-50	0
所得税费用（万元）	1125	1250	1250	1250	1250	1250	7375

由于税法规定企业发生的研究开发支出可按实际发生额的150%加计扣除，与该无形资产开发有关的可抵扣金额为1000×150%＝1500万元，其中500万元为永久性差异，即会计利润与应纳税所得额的永久差异；其中的另外1000万元为应纳税暂时性差异，在2011年要从会计利润中减去1000万元，作为应纳税所得额，以此来计算应交所得税；但要在2012～2016年度每年加回会计利润200万元，作为应纳税所得额，以此来计算应交所得税。计算出的各年应交所得税、递延所得税负债和所得税费用如表8-3所示。

根据表8-3进行如下会计处理：

（1）2011年末，确认所得税费用、应交所得税和递延所得税负债

借：所得税费用　　　　1125

　　贷：应交所得税　　　　875

　　　　递延所得税负债　250

（2）2012～2016年度，各年末分别确认所得税费用、应交所得税转销递延所得税负债

借：所得税费用　　　1250

　　递延所得税负债　　50

　　贷：应交所得税　　1300

为了更深刻地理解递延所得税负债的性质，可将分录（1）拆分为如下两笔会计分录。

（3）确认应交所得税义务形成产生的所得税费用

借：所得税费用　　　　875

　　贷：应交所得税　　　　875

（4）确认递延所得税负债义务形成产生的所得税费用

借：所得税费用　　　　　250

　　贷：递延所得税负债　　　250

可将分录（2）拆分为如下两笔会计分录。

（5）确认应交所得税义务形成产生的所得税费用

借：所得税费用　　　　1250

　　贷：应交所得税　　　1250

（6）确认递延所得税负债转换为应交所得税

借：递延所得税负债　　　50

　　贷：应交所得税　　　　50

二、递延所得税负债的性质

我们结合分录（4）和（5）来分析递延所得税负债的性质。分录（4）反映的是递延所得税负债的形成。本例中，由于无形资产的账面价值高于其计税基础 1000 万元，在未来 5 年无形资产摊销期间，产生应税金额，故形成了未来 5 年的应纳税义务。分录（6）反映的是递延所得税负债的转销，反映的是权益形态变动，即递延所得税转换为应交所得税，递延所得税负债分 5 年转换为应交所得税。

递延所得税负债和应交所得税均都是负债，都是所得税负债，但它们也有很大的差异：

第一，递延所得税负债是依据会计准则确认的所得税负债，而应交所得税是依据税法确认的所得税负债；

第二，递延所得税负债是早于应交所得税而确认的所得税负债；

第三，递延所得税负债是长期所得税负债，而应交所得税是短期所得税负债；

第四，递延所得税负债在应纳税暂时性差异的转销期转换为应交所得税。

三、递延所得税负债会计处理的改进建议

（一）将递延所得税负债更名为“长期所得税负债”

如果“递延”在“递延所得税负债”的名称中没有任何含义，我们只是将“递延所得税负债”作为一个词，只是应纳税暂时性差异产生的所得税负债，倒也不会产生什么误解；如果将“递延”作为“递延所得税负债”名称中对“所得税负债”的限定，即递延所得税负债是所得税负债中递延的部分，那么，递延所得税负债的含义就含混不清了。

“递延”不是一个汉语词汇，是从英文 deferred 翻译过来的，其英文的含义是：延期的、迟延的。例如，在财务管理学科中年金就分为后付年金、先付年金、递延年金（deferred annuity）、永续年金。这些年金的主要区别是：后付年金在第一期的期末开始支付，先付年金是在第一期的期初支付，递延年金又称为延期年金，在最初的若干期没有支付，延后若干期才开始支付，永续年金的支付次数是无限的，其他年金的支付次数是有限的。可见，递延年金与其他年金相比，就是延期了，延后了若干期。

如果将递延所得税负债中的“递延”理解为“延期的、迟延的”，那么递延所得税负债就是延期的或延迟的所得税负债，这从字面是很难

理解的。递延所得税负债与应交所得税相比，先于应交所得税确认，先有递延所得税负债，摊销期内递延所得税负债转换为应交所得税。可见，与未来期间才确认的应交所得税相比，递延所得税负债并不是延期的所得税负债，而是提前确认的所得税负债。似乎将递延所得税负债称为“待转所得税负债”——待转换为应交所得税的负债，可以更为准确反映递延所得税负债的特性。

应交所得税和递延所得税负债均是所得税负债，递延所得税负债是延后到摊销期才能转换为应交所得税的负债，但是，这是递延所得税负债确认之后的事项，在递延所得税负债形成的时候，在其确认的时点，递延所得税的基本特性是长期所得税负债，这也是它与应交所得税相比最大的区别。

为此提出，将递延所得税负债更名为“长期所得税负债”。这个名称直观、清晰，可以比较准确地反映递延所得税负债的特性，不会产生任何误解，也可以更好地反映应交所得税与递延所得税负债之间的关系——递延所得税负债在摊销期转换为应交所得税，只是长期所得税负债转换为流动所得税负债；按照税法只需确认应交所得税，按照会计准则还要确认应纳税暂时性差异产生的长期所得税负债。

参考文献

[1] 财政部会计司．企业会计准则讲解（2006）．北京：人民出版社，2007.

[2] 财政部会计司．企业会计准则（2006）．北京：经济科学出版社，2006.

[3] 财政部会计司．企业会计准则——应用指南（2006）．北京：中国财政经济出版社，2006.